KB037140

개정판

평상시의 지휘관
유사시의 지휘관

삿사 아츠유키 지음
조학제 옮김

서언

어떤 위인이라도 과거 젊었을 때에는 신진기예의 간부 견습 시대가 있었다. 대기업의 회장, 사장도 한때는 채용된 젊은이로서 선배 상사의 명령대로, 또한 자신의 재능을 윗사람으로부터 인정을 받고자 전력투구를 했을 것이다. 노정치가도 과거에는 '청년 장료'로 불리는 추억의 젊은 나날을 갖고 있다. 공을 세워 이름을 날렸던 장군·제독들도 사관후보생, 견습사관으로서 장래를 꿈꾸며, 하찮은 성공에 우쭐거리기도 하며, 조그만 실패에도 좌절감을 맛보며 살아온 마음의 역사를 갖고 있을 것이다. 20대, 30대에는 본서에서 말하는 '차실사관(次室士官)'(군함의 일반사관실에 들어가지 못하는 초급장교들을 위한 次室에서 기거하는 중·소위급 장교를 구 일본해군에서 지칭한 것이다.) 즉, 소대장격의 소위, 중위로서 현장의 하사관 및 병을 지휘하는 '현장지휘관'의 직무를 수행했을 것이다.

그러나 이윽고 출세의 계단을 한 계단 한 계단 올라가면서 점차 현장에서 이탈하여 고급 참모가 되고 한 나라, 한 부대의 주인이 되어 간다. 그리고 중역급(重役級)의 뛰어난 인물이 되면, 이미 아무것도 하지 않아도 좋으며, 이후는 과거의 공적으로 도식(徒食) 할 수 있을지도 모른다는 생각이 들기 시작한다.

그렇지만 아무리 위대하게 되더라도 업무에 당면해서는 누구라도 언제나 마찬가지로 '현장지휘관'의 입장에 복귀해야 하는 것이다.

그러한 일을 1995년 1월에 일어난 한신 대지진(고베 지진)에서 돌연 최고의 현장지휘관의 역할이 부여된 무라야마 도미이치 총리대신의 예를 보면 알 수 있을 것이다.

무라야마 총리도 설사 그러한 때에 '현장지휘관'의 직무를 수행해야 한다는 것은 꿈에도 생각지 못했을 것이다. 그래서 무라야마 총리는 평소부터 언제라도 '현장지휘관'이 된다는 각오를 하지 않고, 항상 수행(修行)을 나태하게 하지 않겠다는 자세를 갖추지 못한 '각오가 되어 있지 않은 지휘관'이 어떻게 유사시 대처하는지를 입증해 주었다. 이것은 전체 인간집단의 지도층에 있는 사람들에게 냉엄한 인생 교훈을 제시하였다.

내일이라도 당장 지휘관들은 항상 현장지휘관의 마음자세를 되새기고, 언제라도 지휘할 수 있는 각오를 갖지 않으면 안 된다.

본서에서는 지휘관이 항상 신경을 쓰지 않으면 안 되는 '평시(平時)의 자세'와 어느 날 갑자기 일이 발생하면 부하를 이끌고 난관에 대처하기 위한 '유사시(有事時)의 자세'를 나 자신의 체험과 선인들의 사례를 근거로 구체적으로 논하여 보았다. 정신훈화의 말로만으로는 긴급 및 비상시 어떤 행동지침이 되지 않기 때문이다.

　본서의 집필·간행이 생각보다 순조롭게 진행된 것은 크레스토사의 사토 마고토, 다카토미 무츠미 등 두 분, 또한 샷사 사무소의 이시이 씨의 열렬한 협조 덕분이었다. 마음으로 감사의 뜻을 표한다. 한편 본문에서 인용한 문헌의 표기와 문자의 사용은 쉽게 읽을 수 있도록 본문과 동일 시킨 점에 미리 양해를 구한다.

샷사 아츠유키

역자 서언

"사자가 영도하는 수사슴 떼는 수사슴이 영도하는 사자 떼보다 무섭다." "서투른 양치기는 양 떼를 망쳐 버린다."

각각 플루타르크 영웅전과 오디세이에 나오는 이 말들은 리더나 지휘관의 역할이 얼마나 중요한가를 단적으로 보여준다.

어떤 집단 또는 조직의 운명을 좌우하는 리더가 된다는 것은 누구에게나 부담스러운 일일 것이다. 특히, 때로는 부하의 목숨을 담보로 한 극한상황에서 임무를 수행해야만 하는 군대나 경찰의 조직에서는 더욱 그러하다.

이 책은 약관의 나이에 경찰에 투신하여 30여 년간 주요 직위에서 지휘관으로 활약한 저자의 경험을 토대로 지휘관, 특히 유사시에 현장지휘관이 갖추어야 할 자질을 예화와 함께 엮어 우리 피부에 와 닿게 설명하고 있다. 저자가 현장지휘관으로서 겪어온 풍부한 경험이 이제 막 지휘관으로 나서는 초급지휘관과, 또 자신의 지휘 철학을 다시 한 번 성찰하고자 하는 중·고급지휘관들에게 도움이 되었으면 하는 마음에서 이 책을 번역하게 되었다.

한 나라의 산업이 발전하려면 그 기반이 되는 중소기업이 활성화되어야 하듯이, 어떤 조직이든지 그 조직이 목표로 하는 임무를 훌륭히 수행하고 또한 그 조직 전체가 발전하려면 하부를 구성하고 있는 기반조직들이 활성화 되고 효율적으로 움직여 주어야 할 것이다.

이러한 의미에서 이 책이, 조직의 하부기반이라 할 현장지휘관으로서 활약하고 있는 이들이 보다 한 차원 놓은 리더십을 발휘하여 유능하면서도 부하로부터 존경받는 지휘관, 즉 리더가 되는 데 조금이라도 도움이 되었으면 하는 바람이다.

끝으로 본서의 출간을 위해 애써주신 연경문화사 임직원들에게 깊은 감사를 드리는 바이다.

역자 조학제

목차

序章 · 현장지휘관의 행동원리

- '실정의 지혜'를 가르쳐 준 두 권의 명저 -

유사시에는 무위(無爲)·무책(無策)의 일본형 지도자

1995년 1월 17일 오전 5시 46분, 진도 7의 종파(수직)형 대지진이 고베(神戶) 지역에 내습하였다. '1995년 효고현 남부지진'으로 공식 명명된 이 지진은 관동 대지진을 훨씬 상회하는 격렬한 것이었다.

언론에서는 어느새 이 지진을 '한신 대지진'이라고 불렀기 때문에 다음부터는 '한신 대지진'으로 부르겠지만, 이 지진으로 입은 참혹한 피해는 사망 5,378명, 행방불명자 2명, 부상자 34,626명, 파손된 건물 및 가옥 159,544동(2월 16일 경찰청 조사)으로서 제2차 세계대전 이후 최대의 피해를 주었던 후쿠이 지진을 상회하는 것이었다.

고베시의 파괴된 고속도로 1995년 1월 한신(고베) 대지진이 발생해 6,400명 이상이 숨졌다. 당시 지진 규모는 7.30이었다.

철저히 파괴된 도심건물과 철도

이러한 위기상황 아래서 인간집단으로서 가장 중요한 것은 '지휘관'이다.

보통은 내부 토론을 거쳐 원활한 만장일치, 타협, 반복되는 회의 등을 통한 '조정'이 존중된다. 일본형 지도자는 일본국민이 본질적으로 농경민족이기 때문인지, 마을의 장로와 같은 유형의 조정능력이 우수하고, 인격적으로 원만하여, 적이 없는 사람이 선발된다.

평시의 일본인 사회에서는 결단력과 실행력이 풍부한 수렵민족의 족장과 같은 유형의, 개성이 강하고 자신의 의견을 구비한 통솔자는 환영을 받지 못한다.

"화합을 숭상한다"는 것이 모토라서, 집단의 의사결정은 무엇이든지 전부 동의하는 만장일치의 컨센서스 방식에 따라 실시된다. 아니면 절대 다수결의 방식이다.

그러나 '한신 대지진'과 같은 비상사태, 즉 유사시에서의 의사결정권은 지도자의 '결단', 그것도 경우에 따라서는 다수결이 아닌 소수결, 아니 독단전행에 의하여 결정되지 않으면 안 된다.

기나긴 회의를 질질 끌고 있다면 무너진 건물 밑에서 도움이 간절한 사람들이 목숨을 잃어버릴지도 모르기 때문이다.

화재 발생 후 수상이 내려야만 했던 결단은 불이 번지는 것을 방지하기 위한 파괴소방, 긴급차량 우선통행을 위한 자가용 차량 통행규제, 불법주차의 강력 배제 등이었다.

단수(斷水)로 인해 소화수가 없으면, 화학소화제를 사용해야만 한다. 자위대의 대형 헬기에 의한 공중에서의 소화 등 2차 재해의 가능성을 각오하고, 헌법에 정한 "개인의 권리는 공공복지를 위하여, 일정한 보상하에서 제한할 수 있다."라는 정신에 따라, 모든 책임을 지고 피해를 최소화시키기 위하여 강행책을 단행해야만 했었다.

그러나 무라야먀 총리는 결단도 하지 않았고 아무 행동도 취하지 않았다.

총리가 결단을 피하므로 국토청 장관도 회피하였다. 소관부처 장관이 책임회피를 하는 것을 자위대를 지휘하는 방위청 장관, 경찰을 지휘하는 국가공안위원장, 소방서를 지휘하는 자치장관, 해상보안청을 지휘하는 운수성 장관 중에 누가 결단하여 명령을 내릴 것인가?

결단성이 없고 무능함은 각 조직의 현장지휘관들에게 당연히 파급되고, 만일 적극 대처했더라면 구조되었을지도 모르는 생매장된 많은 사람들이 번지는 불 속에서 비참한 결과를 맞이하지는 않았을 것이다.

지휘관 무라야먀 도미이치 총리의 '무능죄'

'한신 대지진'만큼 지휘관의 처신에 관하여 많은 교훈을 준 사건은 없다. 5,000명 이상의 고귀한 희생자들, 30만 명에 달하는 피해자들의 비애와 고민을 그냥 간과해서는 안 된다.

지휘관의 자질이 없는 사람을 일본의 '지휘관' 자리에 앉힌 자민당의 책임도 매우 무겁다.

내각총리대신은 지휘관 직책 중 가장 높은 직위이다. '한신 대지진'에서 무라야마 도미이치 내각총리대신에게 요구되는 지휘관의 필수적인 자질과 지휘관 적격성의 기준은, 사실은 그대로 각 부처장관의 자격기준이며 기업체 수뇌부의 자격과 같다.

그리고 사람의 생사가 걸린 중대한 상황에서 결단과 지휘명령을 내리는 백척간두(百尺竿頭)에 서 있는 모든 지휘관은 그 계급의 상하, 의무의 경중, 노소를 막론하고, 무라야마 총리가 고민했던 것과 똑같은 고독을 맛볼 것이다.

지휘관과 책임자란 고독한 존재이다. 이러한 어려움을 인내하고, 사람들을 위하여 최선의 방책이라고 믿을 수 있는 길을 선택하고, 그 결과에서 모든 책임을 지겠다는 것이 지휘관의 '혼'이다.

5세기에 70만 기마군단을 이끌고 유라시아 대륙을 석권한 훈족의 아틸라 대왕은 "어려운 결단을 내리는 능력이야말로 족장과 부하를 구별하는 요소이다."라고 부하 장군들에게 훈시하였다. 그리고 이렇게 말하기도 하였다. "의무수행에 필요한 희생을 각오하지 않으면 결코 지휘관이라는 역할을 맡지 말라."

5,000명 이상의 사망자를 낸 '한신 대지진'은 본질적으로 불가항력의 천재(天災)였다.

그러나 무너진 가옥 아래에 묻힌 수백 명의 희생자 중 일부는 내각 총리대신이 자위대라는 대부대를 조기 출동시키고, 소방청의 파괴 소방, 화학소화제 사용을 결단하고, 당황하고 있는 효고현 지사, 고베 시장에게 자위대법 제83조의 자위대 출동요청을 시행토록 지시하며, 스위스, 프랑스에서의 수색견 네댓 마리를 따지지 않고 입국시켜, 인명구조 우선의 제반 시책을 강력히 추진했더라면, 아마도 한 명의 생명만을 구하는 것으로 끝나지는 않았을 것이다.

무라야마 총리는 국회답변에서 "현행의 법제 하에서는 최선의 조치를 취했다는 확신을 갖고 대답한다."라고 하였다. 그러나 대지진 발생 후 이틀 동안(1월 18일~19일) 그는 기존의 계획된 일정대로 행동하며 접견인과 급하지 않은 용건으로 환담하고, 재계 인사들과 회식을 하면서 무위무책으로 시간을 허비하였다.

그동안 파묻힌 사람들의 가족들은 반드시 국가와 현에서 자위대, 경찰청, 소방청을 투입하여 도와주러 올 것이라 믿고 계속 참고 기다려왔던 것이다.

무엇이 '최선의 조치를 취했다'는 것인가? 무엇이 '국민들에게 친절한 정치'인가? 훌륭한 재상에게 필수적인 인간적 소질, 즉 상대방의 입장에서 생각하는 감정이입(感情移入) 면에서 그는 결핍된 인물이 아닐까?

무라야마 총리에게 작위(作爲)의 죄는 없다. 그러나 부작위(不作爲; 무능)의 죄는 무겁다. 정치·행정의 최대 사명 중 하나는 국민의 생명·

신체·재산의 보호, 즉 안전보장 행정이다. 그 우선순위를 경시하고, 과거의 망령인 반자위대 감정, 극단적인 지방자치 존중의 병적 사고, 그리고 우유부단에 빠져 5,000명 이상의 사망자, 행방불명자, 35,000명의 부상자, 10조 엔을 초과하는 국민의 재산에 손해를 끼친 '지휘관' 무라야마 도미이치 총리의 '무능죄'는 무겁다. 결단하고, 지휘·명령하고, 모든 책임을 지는 것이 두렵다면 내각총리대신이 되어서는 안 된다.

'개인의 행동원리'와 '집단의 행동원리'

인간은 대게 평상시에는 자신들이 집단생활을 하는 존재라는 것을 잊고 지낸다.

헌법상 보장된 개인의 인권에 입각하여 사상·신념의 자유, 직업선택, 거주지선택의 자유, 사유재산권을 포함한 여러 가지 개인권리의 주장 등 오늘날의 일본에서는 이것들이 하늘에서 주어진 당연한 권리라고 믿고 있다.

'특별권련관계' 즉 공무원이나 봉급생활자 등 고용계약에 근거한 직장에서 지휘감독과 복종의 상하관계 이외에, 인간은 후쿠자와 유기치(福澤諭吉)의 "하늘은 사람 위에 사람을 만들지 않았고, 사람 밑에 사람을 만들지 않았다."라고 하는 봉건적 신분차별을 부정하는 평등의 권리를 가지며, 이 평등사상이야말로 침해할 수 없는 '불변의 진리'라고 대부분의 사람들이 믿고 있는데 대하여는 의심의 여지가 없다. 그렇지만 무엇이라도 지나치면 미치지 못한 것만 못하다.

오늘날에는 '의무·책임의 이행 이전에 권리의 주장을'이라고 하는 강렬한 권리의식, 권리 위에 군림하는 자는 보호받지 못한다는 원리를 무시하는 이기주의의 존중, 복장·음식물·화장품·기타 여러 가지 취미의 다양성이 허용되고, 콘크리트 정글의 도시생활에서는 '이웃집은 뭘 하는 사람이라도' 하는 무관계의 인간관계, 타인에 대한 무관심, 자기의 프라이버시 존중, 그리고 여러 가지 문제에 관한 가치관의 다양성과 이것을 존중하는 정치제도, 사회규범의 다원성(多元性) 등등 평시에 있어서 오늘날의 일본은 극단적인 '개체존중'의 사회이며, 행동원리는 '자유'이고 '규제'가 법적으로나 사회적으로도 배제되어 있다.

의사결정의 과정도 '타협'과 '사전공작'이다. 리더는 농경민족에 어울리는, 적이 없는 원만한 인격자. '~할 수 있는 사람'보다 '~한 사람'(인간적으로, 저 사람은 잘 '~을 한 사람'이라고 불리는 사람), 시골 마을의 장로 같은 유형의 '조정역'이 선출된다.

평시에는 그래도 별다른 지장이 없다. 그러나 비상사태가 일어나서 그 인간집단이 위기에 직면하면, 사람들은 돌연히 인간이 집단적 동물이라는 것을 생각해 낸다.

'한신 대지진'이 그 전형적인 예가 된다.

촌장이라면 흡사 흰칠한 풍모, 희고 긴 눈썹까지, 조정역의 장로 그 자체인 무라야마 총리대신이 하룻밤 사이에 그 리더십과 총리로서의 자질을 추궁 받는 일본이라는 나라, 특히 관서지방의 국민으로서는 큰 불행이었다.

마땅히 일본사회의 행동원리가 대지진 발생 순간에 '개인의 행동원리'에서 '집단의 행동원리'로 전환되어, 집단체제의 "모두 함께 건너가면 무섭지 않다"라고 하는 농경민족형 지도자 시스템에 안주하고 있던 무라야마 내각과 평화병에 걸린 전체 관료기구가 중앙에서 지방까지, 비상사태를 선포하면서 바로 적응하는 것 외에 별다른 도리가 없었다.

수렵민족의 족장은 사냥에 실패하고, 노획물을 획득하지 못하여, 부족을 굶기게 되면 그 순간 족장으로서 실격되어 추방된다. 다른 부족이나 거대한 공룡, 천재지변과의 싸움에서 집단의 안전을 지키지 못하고, 피난유도나 방위전에서 실패하면 바로 실격한다. 이러한 이변이 무라야마 내각에 발생한 것이다.

농경민족의 지도자는 흉작에 대해서 책임을 지지 않는다. 모두 기상에 맡긴다. 하늘의 뜻이 불량하여 '불가항력이다', '운명이다'라고 하면 그거로 그만이다. 희망적인 관측에 의지하여 '비 내리기를 기다림'만으로도 좋다. 그러나 수렵민족은 다르다. 매머드를 발견해야 하는 추적자, 사냥터에 돌진하는 몰이꾼, 돌도끼로 아킬레스건을 노리는 전사, 투창으로 가슴을 노리는 전사, 이러한 작전 전반을 지휘하고 모든 책임을 지는 자가 족장이다.

조금이라도 족장의 우유부단, 무위, 무책, 무능, 나약함, 의욕부족 등으로 사냥에 실패하면 부족들은 굶어 죽는다. 그러면 족장(리더)은 바로 경질되어 버린다. 이러한 수렵민족의 역할 분담을 방위청 자위 대, 해상보안청, 경찰, 소방청, 각급 지방자치단체, 아니면 중앙정부 의 국토, 방위, 외무, 후생, 운수, 우정 등등의 각 부처를 바꾸고 '족 장'을 '내각총리대신'으로 대입시키면 그대로 일목요연하게 '개체'와 '집단'의 행동원리상 차이, 그리고 평시·유사시에 즉응하여 그 원리 를 변화시키는 것이 불가피하다는 것을 알 수 있을 것이다.

평시체제와 시스템을 순간적으로 변환시켜 '결단', '책임', '지휘명 령', '따르지 않는 자에 대한 강제'라고 하는, 어렵고 비정한 임무를 수행해야만 하는 것이 '지휘관'의 숙명적 사명이다.

'Hands on manager'와 'Hands off manager'

그러면 현장지휘관은 어떻게 해야만 하는가?

미국의 표현에 '현장지휘관 = Hands on manager'라는 것이 있 다. 이것은 '손을 더럽히는 관리직'이라는 의미이다. 이에 반대되는 개념은 'Hands off manager'이다. 이것은 '손을 더럽히지 않는 관 리직, 고상하고 깨끗한 관리직'이라는 뜻이다.

말할 것도 없이 일본의 조직은 'Hands off manager'형의 관리직을 엘리트라고 부르는 경향이 있다. 그러나 상세한 것은 뒤에 말하겠지만, 미국에서는 'Hands on manager'를 중시하는 철저한 현장주위로 조직을 운영한다. 그러므로 미국에서는 대부분의 관리직은 현장을 경험한 사람들이 담당한다.

예컨대 1950년 6월 한국전쟁이 발발하여 주한미군이 고전하고 있을 때, 대전지구 전투에서 사단장 딘 소장은 스스로 바주카포를 들고 전투에 임하여 북한군의 전차를 저지시킨 것으로 당시에 용맹을 떨쳤다. 이것이 바로 'Hands on General'로서 후방에서 노닥거리고 있는 'Arm Chair General' 즉 팔걸이의자에 앉아 있는 장군과는 큰 차이가 있다.

전통적으로 일본의 관리직, 지휘관의 양성 교육에서는 이 개념이 경시되고 있다. 아니 그보다도 진정한 의미에서 '관리직, 지휘관은 없고' 따라서 참된 지도자가 되지 못하고 있다는 것이 정확할 것이다.

본인이 1954년 봄, 경찰관으로서 기초적인 교육훈련을 받기 위하여 나가노의 경찰대학교에 입교하여 직면한 것도 바로 이러한 문제였다.

이 코스는 '초임 간부과'라고 불렸다. 지금은 공무원 상급직 시험에 흡수되었지만, 약 10년간은 '경찰 3급직 시험'으로서 '외교관시험', '사법시험'과 더불어 '일반직 상급시험'과는 별도로 존속되었던 간부 등용문이었다. 훈련기간은 6개월이었다.

전쟁 후의 자유스러운 대학생활을 마치고 온 간부후보생들을 어느 정도 기간의 훈련을 통하여 경부보(警部補: 경찰의 경위 계급이며, 군으로 치면 위관급 초급장교이다.)로서 제일선에 배치되는 경찰관으로 만들기 위한 것이었다.

그런데 곤란한 문제가 생겼다. 즉 우리들은 제3기생으로, 당시는 의지해야 할 교재도, 매뉴얼도 아직 정리되지 않은 시기였다. 참고도서도 거의 없는 상태였다.

구체적 수칙이 없는 '제왕학'의 불모

전쟁 전과 전쟁 중 일본제국의 '관리 복무령'은 천황의 관리로서 충군애국, 멸사봉공 즉 "관리는 무정량(無定量)의 복무에 근무해야 한다."라는 것으로, 노동기준법도 노동조합법도 관계없는 근무제도였다. 상의하달, 명령에는 절대복종이라는 '윤리'가 요구되어 사람을 사용하는 자, 사용되는 자의 '심리'는 무시되었다.

그것이 1945년 8월 15일 패전을 경계로 180도 다른 가치관의 변화가 일어났고, '천황의 관리'는 '국민의 공복'으로서의 '전체를 위한 봉사자'로 바뀌었다. 경찰도 '기세등등하고 위압적인, 야! 이봐 경찰'에서 민주경찰로 옷을 갈아입었다.

그러나 가장 어려웠던 것은 경찰간부 양성에 있어서 꼭 필요한 교재, 복무지침, 간부수칙, 훈육 지도서가 거의 없었다는 것이다. 경찰대학교에서 선배들의 지도방침도 마찬가지였다.

첫째, 가르치는 자 본인 자신의 가치관이 혼란되어 있으므로 '천황의 관리'로서의 수칙과 설익은 민주경찰론이 뒤엉켜서 '~하지 않으면'. '~해야 한다'는 식의 융통성 없는 강압적인 설교가 대부분이었다.

제일선에 배출되어 1개 소대 34명의 현장지휘관으로서 자신보다 연장자인 노련한 '하사관'급의 순사부장, 아버지와 동년배 정도인 고참순사, 새로운 제도의 고등학교를 막 졸업한 19세 정도의 젊은 순사들을 지휘 감독하는 경부보(警部補)로서 구체적인 수칙, 착안점 등의 실무교육은 거의 실시하지 않고 교육을 끝내버렸다.

생각해보면 무리도 아니었다.

전쟁 전에는 '고등문관시험 합격자(高文組)'는 내무성에 들어갔으므로, 제일선 현장지휘관의 경부보(警部補)로서 길거리에 나서는 일은 없었다. 따라서 거친 길거리의 집단폭력행동에 대처하여 기동대의 지휘를 담당한 경험도 없었다.

그들은 내무성에 들어감과 동시에 '견습자(見習者)'로 불리며 일반직과 구분되었고, 고등관 식당에서 점심식사를 하며, '천하국가'를 논하고, '스페셜리스트(specialist)는 되지 말고, 제너럴리스트(generalist)가 되어라', '제왕학(帝王學)을 배워라'하고 선배들로부터 지도를 받았다.

고문조(高文組)는 4년 만에 고등관, 30대 후반에는 관선지사, 40대에는 차관, 장관이 되었다. 월급은 초봉부터 75엔으로 민간기업에 취직한 사람의 거의 두 배였고, 보너스는 1년분이었다. 제국의회(帝國議會)의 위원회에 정부위원으로 출석하게 되면, 월급을 상회하는 위원회 수당이 지급된다. 퇴직금으로 자택을 마련하는 것은 물론이었고, 새 집도 몇 채 짓고, 급료도 전직 관료의 대우를 받으며, 여유 있는 금액이 지급되는 등, 소위 특권계급이었다. 또한 교관 중에는 구일본군대의 경험자도 많았지만, 그들의 교육 내용도 그런 저런 정도였다.

태평양 전쟁에서 단기 현역으로서, 아니면 예비학생으로서 육·해군의 병역에 복무한 자도 대부분 보급관계의 병과 장교였다. 하사관이나 병을 인솔하여 실제병력을 지휘하는 전투병과 장교 출신은 드물었다.

학도 동원으로 예비학생 등 항공병과에 배속되어 파일럿으로 참전했다든지, 특공대에 편입된 사람들도 물론 많았지만, '제왕학'과 '사생관'은 배우더라도 하사관·병의 인심을 장악하여 지옥까지라도 가져갈 수 있는 '현장지휘관학'의 원리는 아마 어디에서도 배우지 않았을 것이다.

'How'가 없으면 마음에 새기지 못한다

그러므로 전쟁 후의 경찰대학교 초임간부과 강의는 실용적인, 즉 내일부터 당장 활용할 수 있는 실무적인 지도 교육이 결여되었다. 구체적인 방법론을 수반하지 않은 '~해야 한다', '~할 것'과 같은 논조의 추상적인 설교만으로, 머리에서는 이해되더라도 마음속에 새기는 'How=어떻게 할 것인가'가 결여된 교육이 될 수밖에 없었다.

예컨대, 현장지휘관의 수칙으로서 "업무에 임하여 침착, 냉정, 평상심을 가지고 대처하라"고 설명한다. 그러나 "어떻게 하면 평상심을 가질 수 있는가"라는 구체적 명제에 관해서는 가르쳐 주지 않으므로 학생들은 혼란스럽다. 학생들이 알고 싶은 것은 선배들의 경험에 입각한 구체적인 방법론이다.

이를테면 평소의 평온무사한 시간에 막연하게 시간을 허비하지 않고 위기를 예측하여, 야기될지도 모를 비상긴급사태를 몇 가지 경우로 분류하여 상정하고, 여기에 대응하는 긴급대책의 절차를 매뉴얼로 만들어 두는 것이다. 긴급사태가 발생하면, 매뉴얼에 따라서 바로 소요되는 수속을 진행하면 된다. 의사결정자는 조직에 적절한 정보를 제공하여 결단케 하고, 방침을 결정하여 지휘하고 명령하면 되는 것이다. 따라서 매뉴얼은 '지휘지침서' 형태로 만드는 것이 중요하다.

이와 같이 평상시부터 유사시를 상정하여 준비를 해두어야만 '평상심'을 기를 수 있는 것이다. 그러나 아쉽게도 이러한 방법론을 가르쳐 주는 선배는 없었다.

한 맺힌 '환영사'

이러한 정황에서 나는 경찰대학교의 교육을 끝냈다. 그리하여 경시청 경부보로서 경시청 제3방면 메구로 경찰서에 배치되었다. 이것이 나의 최초의 지휘관 직이었다. 외근 제3반 순찰주임이라는 순사부장 3명을 포함하여 35명의 패트롤 경관들의 지휘관이었다.

경부보라는 것은 군대에서는 소위이다. 민간 기업에서는 주임 정도 되는 지위였다. 부하도 있지만, 위로는 계장이나 차석인 경부, 경시인 서장, 옆으로는 근무경력 30년이라는 산전수전을 다 겪은 고참 동료가 있다. 위로부터 질책을 받고, 옆에서는 불평, 밑으로부터는 반발을 받는 등 말하자면 피라미드 밑변의 받침돌의 하나에 지나지 않는다.

당시 경찰청 차장의 말을 빌리면 '눈에 띄지 않는 경부보', 즉 매우 작기 때문에 눈여겨 보지 않으면 보이지 않을 만큼 미미한 존재였다. 그러나 내가 메구로 경찰서에 부임했을 때 정황은 더욱 혹독하였다. 당시의 메구로 경찰서에는 13명의 경부보가 있었지만, 나와 같은 동경대 출신의 '3급직' 시험에 합격한 경부보가 배속된 것은 전쟁 후 최초의 일이었다. 때문에 처음에 메구로서의 사람들로부터 빨강머리의 이방인으로 보이는 정도의 눈총을 받았다.

그 당시 경시청은 '레드퍼지'가 일어나고 있었다. 전후 우는 아이도 그치게 하는 GHQ(GENERAL Head Quarter의 약자. 일본 점령 연합군사령부), 즉 맥아더 사령부의 명령으로 경찰 내의 제도가 변혁되었기 때문이다.

GHQ는 전후 일본의 민주경찰에서 '고등문과시험출신(高文組)'이라는 특권계급은 불필요하다고 판단했다. 전부가 순찰순사인 말단에서 성장하여 실력으로 승진해가는 미국식을 채용하도록 했다. 동경제국대학(赤門: 교문이 적색이므로 동경대학 출신을 상징하여 '아카몬'이라 한다.) 출신자를 특권간부로 채용하면 제국주의가 부활할 수도 있다는 두려움이 이유였다. 이것이 소위 말하는 '레드퍼지' 즉 '적문추방(赤門追放)'이다.

그런데 실제 이것을 해보니 문제가 속출했다. 이 즈음 1952년 샌프란시스코 평화조약에서 일본이 독립을 회복하여 주권국가가 되었기 때문에, 이 미국식 경찰제도는 재검토되어 동년 '경찰3급직 시험'이라는 형태로 '상급직(上級職) 채용제도'가 부활되었다.

1952년 경찰청의 전신인 국가지방경찰본부에 의하여 간부등용시험 제1회가 시행되어 그 제1기생이 1953년도에 경찰계에 들어왔지만, 나는 제2기생이었다. 후에 규칙이 바뀌어 1948년 그룹이 전후

제1기생으로 추인되었었기 때문에, 졸업 시에는 제3기생이 되었다.

경시청의 제일선 경찰서에 실제 배치된 것은 제3기생부터이며, 그런 의미에서 우리들은 전후 경력직 경찰간부 양성훈련의 리트머스 시험지였다.

메구로 경찰서 부임 첫날에 이런 일이 있었다.

나는 직속상관인 차석경부에게 "신고합니다! 경시청 경부보 삿사 아츠유키, 메구로 경찰서 근무를 명받아 지금 부임하였습니다."라고 직립부동자세로 큰 소리로 부임신고를 하였다. 보통사람들이라면 '열심히 하게'라고 말할 것 같았지만, 차석은 앞으로 나오며 "자네는 보통의 경찰관이 경부보가 되는 데 몇 년 걸리는지 알고 있나?" 하고 물었다. "보통은 7년 걸린다. 7년. 그것을 자네는 1년 만에 되었으니 다른 사람의 7배를 일하라."

농담인가…, 농담은 아닌 것 같다. 차석의 얼굴에는 유머의 그림자도 없다. '고문조(高門組) 경력자'에 대한 '비(非)고문조'로서 누적된 콤플렉스가 경부의 제복을 입고 나의 눈앞에 서 있는 것이다. 이것은 바로 당시의 인사제도에 반발하는 비고문조 간부의 심정을 여실히 드러낸 것이었다.

'외근 제3반 반장'의 외근 주임으로서 임명받은 최초의 현장, 바로 태어난 자의 시험대인 시행착오의 현장지휘관, 즉 소대장 근무는 부임 즉시 '다른 사람의 7배를 일하라'고 하는 한 맺힌 '환영사'를 받고 그 출발을 시작했다.

그 동안의 경위나 현장 체험담은 『메구로 경찰서 이야기 - 삿사 경부보의 순찰일기』(1988년, 문예춘추 刊)에 상술되어 있지만, 이와 같은 암중모색의 현장지휘관에게 한 줄기 광명의 빛을 던져준 작은 책자가 『해군차실사관수칙』이었다. 차실사관이란 구 일본해군에서 일반 사관실에 들어가지 못하는 초급장교들을 위한 차실(次室)에서 기거하는 중·소위급 장교를 지칭한다.

『해군차실사관수칙』과의 만남

내가 구 일본해군의 『해군차실사관수칙』이라는 소책자를 처음 읽은 것은 1954년 여름이었다.

졸업한 직후 어딘가 제일선 경찰서에 경부보로서 배속되어 순찰반장부터 경찰 실무가 시작된다고 들었다. 옛날의 '고문조(高門組; 고시출신)'와는 큰 차이가 있었다.

1954년도의 시대배경을 간략히 반추해보면, 1950년에 발발한 한국전쟁과, 여기에 따른 일본공산당과 조총련의 화염병 투쟁의 여진이 아직도 사라지지 않았던, 상황이 복잡했던 시대였다. 일본의 경제 부흥도 그 서막이 개시된 직후로서 일본은 아직 전후의 피폐를 벗어나지 못하여, 치안도 혼란스럽고, 인심도 황폐한 상태였다.

그처럼 정황이 불안한 동경 치안유지의 최일선에서 주어진 경부보의 직무를 잘 수행할 수 있을 것인지 불안한 마음을 갖고 있던 경찰대학교 재학 중의 어느 여름날, 당시 법제국 참사관이었던 선배 미야자키 교후미(宮崎淸文: 뒤에 총리부 총리 부장관)로부터 "나의 해군생활의 경험을 말하자면, 이것이 참고가 될 것이므로 읽어보게."라고 하며 전해준 것이 세로 21㎝, 가로 16㎝, 대략 29쪽의 갱지에 조잡하게 인쇄된 『해군차실사관수칙』이었다.

미야자키 씨는 1942년 내무성에 입성한 '고문조' 출신이다. 동경제국대학을 졸업하고, 해군 단기현역의 해군주계(경리보급) 대위였고, 제2함대 제5전대의 중순양함 '묘코(妙高)'에 승조하여 '비아크 섬 탈환작전', '마리아나 해전', '레이테 해전'에 참전하였다. 묘코함이 대파당한 뒤에는 중순양함 '하구로'에 옮겨 타서 다시 복무하였다. 싱가포르에서 해상포대화 된 중순양함 '타카오(高雄)' 승조 중에 패전을 맞이하여, 싱가포르에서 영국군의 포로생활을 경험했던 역전의 함대근무 해군장교였다.

구 해군의 '지혜의 결정'

'차실사관'이란 중위·소위를 말한다. 일반사관실에 기거하지 못하는 초급장교(하급장교)들은 미드십맨(Midshipman)이라고 불린다. 이들 초급장교들은 함정의 중심에 있는 제2차 사관실에서 식사 및 기거를 한다. 이는 구 일본해군에 있었던 제도이다. 사관후보생도 차실사관에 포함된다.

영국의 포츠머스 항에는 트라팔가 해전에서 대승리를 거둔 영국 해군의 영웅 넬슨 제독의 좌승함 빅토리아함이 영구 보존되어 있다. 함내를 견학해 보면, 3단으로 구성된 포갑판의 양현에 24파운드의 포가 쭉 널려져 있는데, 그 포대 옆에 장교들은 자신들이 앉는 좌석이 있다.

대위들은 앉을 자리가 있지만, 초급장교들은 포좌와 포좌 사이 포갑판 중앙의 통로, 즉 '함의 중앙(Midship)'에 서 있든지 또는 기대어서서 대기해만 했다. 이것은 자주 상징적으로 불리는 이름으로, 흡사 중간관리직(Middle management)의 최일선, 즉 장교와 하사관, 수병의 접점에 서서 위로부터 추궁 받고 아래로부터 저항을 받는 어려운 입장의 하급 관리직인 것이다.

군대의 계급으로는 중·소위급 견습사관(육군), 사관후보생(해군), 일반직 승무원으로서는 주임, 계장으로 불리는 시기이다.

이 포갑판의 포대 옆 좌석에서 이름을 따서, 군함의 함내 초급장교를 위한 사관실을 '차실'로 부르게 되었고, 여기에 같이 기거하는 중위·소위급 사관후보생들을 구 일본해군에서는 '차실사관'으로 부르게 되었다.

민간 기업에서 말하자면 종합직 채용으로 연수를 끝낸 후 지점의 현장에 배치된 간부후보의 신입사원들이 여기에 해당된다.

경찰에서는 흡사 위에서 꾸중 듣고, 아래로부터도 저항을 받는 '경부보'가 차실사관이 되는 셈이다. 미야자키 씨가 구 해군에서 갖고 돌아온 등사판 인쇄본의 『해군차실사관수칙』은 간부후보생이 경찰대학교에서 배워야 할 간부수칙의 집적된 핵심으로, 부하를 어떻게 지휘하고 감독할 것인지에 대한 지침서였다. 그 책은 한마디로 예절교육에서부터 실무에 관한 구체적인 수칙, 더욱이 청년장교로서의 정신교육까지 여러 내용을 담고 있었다.

이 책은 해군에서 공식적인 교재로 사용된 것은 아닌 것 같으나, 사람들 간에 널리 퍼져 돌려가며 읽혀진 것이다. 그것은 소위 '읽는 사람도 누가 썼는지 모르는' 것으로서 한 개인의 손에 의하여 쓰여진 것이 아니며, 사실 누가 쓴 것인지 알 필요도 없다. 단지 구 해군에서 관심이 많았던 장교들이 스스로의 현장 실무경험을 바탕으로 하여 기록으로 남긴 '생활지혜의 결정(結晶)'이었다.

이 점은 본서에서 소개하는 미 해군사관후보생 필독서인 『Naval Leadership(미 해군협회 편찬)』도 마찬가지이다. 즉 실전경험을 반복해 온 대위, 소령급의 아나폴리스 미 해군사관학교 교관들이 공동집필했기 때문에 흥미로운 것이다. 『해군차실사관수칙』은 제일선에서 살아 있는 부하들의 생명을 맡아, 전쟁이라는 인간의 극한 상황 속에서 부하들을 지휘 감독하는 청년장교들의 실태를 매우 구체적으로 가르쳐 준 작은 책자였다.

이 귀중한 문헌을 나에게 준 미야자키 씨는 여러 번 강조하면서

"옛날 해군에서는 '스마트하고 목전의 이익에는 무관심하며, 지지 않는 혼(필승의 신념), 이것이 바로 뱃사람(함정 근무자)'이란 것이 해군장교의 모토였다. 지금부터의 경찰관도 그렇게 되어야만 한다."라고 말하였다.

『부하가 본 감독자론』과의 만남

또 하나 내가 신참 경부보 시절에 참고가 되었던 것이 『부하가 본 감독자론』(경찰학론집, 1951년 10월, 11월호에 연재, 가타오카 마카토(片岡誠) 著)이라는 논문이다. 필자 가타오카 씨(작고)는 제3고등학교, 동경제대 법학부를 졸업하였고 1943년 고시를 패스하여 내무성에 입성하였다.

미아자키 씨와는 대조적으로, 가장 밑바닥에서 육군 이등병으로 소집되어 참담한 군대생활을 경험한 사람이다. 1945년 8월 6일 히로시마에서 원자폭탄의 피해를 입은 피폭자수첩(피해자 증명서) 소지자이다.

미야자키 씨의 『해군차실사관수칙』이 '해군사관의 도리'를 설파한 구 일본해군 위치에서 '양지'에 선 자의 정공법(正攻法) 지침서라면, 가타오카 마코토 씨의 『부하가 본 감독자론』은 마치 하사관이나 고참병에 짓밟힌 육군 이등병의 고난을 토해낸 '음지'에 선 자의 수칙으로, 살아 투쟁하고 숨 쉬는 현실적인 하층부에서 보는 '장교의 도리'

를 모아놓은 것이다.

『부하가 본 감독자론』은 1951년 당시 동경관구 경찰학교 고등부 제7기생 78명에게 가타오카 씨가 "지금까지 근무한 상관 아니면 동료로 근무한 감독자 등을 기억하여 '감독자가 해야 할 일'을 쓰고 싶다"라고 부탁하여 그들의 본심을 기록한 것이다.

'감독자'란 경찰용어로서 순사부장 이상의 중간관리직 간부를 말한다. 예컨대 순사부장, 경부보, 경부라는 간부 등을 지칭하는 것이다. 또한 관구 경찰학교의 고등부라고 하는 것은 경부보 승진시험에 합격한 관동지방(동경을 중심으로 한 일본 동부지역)의 국가지방경찰, 시군구 자치단체경찰(당시)의 순사부장들에게 전국의 공통적인 간부교양을 가르치는 국가의 교육기관이다.

평균연령은 31.9세, 평균근속년수는 6년 3개월이다. 경험도 있고 분별력도 붙은 한창 일할 중견간부이다. 관청의 근무도 전반적으로 알고, 비판적인 안목도 착실하게 견지하면서, 또한 젊음과 양심의 소리를 죽이지 않는, 공적인 업무에만 집중하는 사람들이다.

가타오카 마코토 씨는 뒤에 오사카부 경찰본부장이 되었지만, 젊은 시절의 이 논문은 경찰부 내에서 찬반양론의 물의를 일으켰다고 들었다. 이 관구학교 고등부 78명이 제출한 비판은 총 건수 590건에 달했다. 그것들이 매우 통렬하고 생생한 사실을 지적한 것이었기 때문에, 가타오카 씨는 '나쁜 것을 드러내는 악취미이다', '지나치다' 등의 경찰부 내의 수구파인 '천황의 경찰관파'로부터 비난을 받았다.

　그러나 가타오카 씨는 묵묵하고 상냥한 표정을 지닌 부드러운 신사이지만, 심지가 강하고 해야 할 말은 위로도, 아래도, 밖으로도, 안으로도 예의 분명하게 의사표시를 하는 '외유내강'형의 경찰간부였다. 당시 일본은 전후의 황폐함 속에서 일본인 전체가 배고픈 시대였고 모든 것이 제대로 정립된 상태가 아니었기 때문에, 비록 부하의 상관에 대한 비판이 '물건'이나 '돈'에 대한 부정의 비판에만 많이 쏠렸다는 문제점이 있긴 했지만, 그래도 그가 정리한 감독자가 행할 수칙과 마음자세의 집적은, 본질적으로 시공(時空)을 초월한 '리더로서의 인간적 자질'을 예리하게 드러낸 것이다. 요컨대 가타오카 씨가 후진양성을 위하여 경찰 내부의 수치스러운 비판을 각오하며 미리 정리한 귀중한 인사자료라고 할 수 있다.

　앞으로 본서 안에서 적시적소에 그 실례를 소개할 테지만, 『부하가 본 감독자론』에서 부하들이 상관을 비판한 문제점을 항목별로 대별해 보면, 다음과 같다.

　　1. 술·여자·금전·취미에 탐닉한다. (109건)
　　2. 공사 구분 불량, 부인의 공무 개입. (153건)
　　3. 일을 부하에게 맡기지 않는 것과 같은 불평등. (44건)
　　4. 지식, 경험, 기능, 견식, 열의, 결단력, 책임감, 부하에 대한 애정, 신뢰, 지휘통솔력 등의 결여, 언행 불일치, 보신, 출세욕, 위에는 약하고 아래에는 강하다. (258건)
　　5. 감정적, 독선, 비협력, 부적절한 질책 등. (726건)

현대에도 통용되는 지휘관 수칙집

이 두 권의 문헌, 즉 『해군차실사관수칙』과 『부하가 본 감독자론』이 나의 지휘관 수칙서 『새로운 감독자론』(1957년, 立花書房)의 원전(原典)이고, 출발점이다.

『새로운 감독자론』은 『해군차실사관수칙』과 『부하가 본 감독자론』에 나의 여러 가지 현장지휘관 경험을 가미하여 적은 「경찰학 논집」 연재의 논문을 단행본으로 엮은 것이다. 이 책은 순식간에 경찰부 내에서 베스트셀러가 되었고, 각 지방자치단체 경찰본부에서 매년 실시하는 각급 승진시험의 필독참고서가 되었다. 뒤에 1978년 내가 방위청으로 전근했을 때, 이 책이 다시 자위대 간부(장교)들 사이에서 읽혀지게 되어 재판을 거듭하게 되었다. 따라서 이 두 권의 문헌은 역시 현대의 '현장'(실천의 장소)에서도 통용되는 지휘관 수칙집이라고 재인식할 수 있고, 또 앞으로도 계속 읽혀질 것이라고 확신한다.

한 편은 해군 대위로부터 배운 것이고, 다른 한 편은 육군이등병의 논문이지만 이상적인 현장지휘관상을 겉과 속, 양과 음, 정공법과 반면교사론(反面教師論), 접근의 각도에 따라 달리하여 묘사한 것으로서, 표리 양면에서 동일한 자료를 추구한 점이 실로 흥미로운 것이다.

예컨대 이러한 방식의 차이가 있다.

『해군차실사관수칙』

"아침에 일어나면, 곧바로 인사하라. 이것이 실내의 분위기를 명랑하게 하는 제일의 유인책이다."(차실의 생활에 관하여)

"부하에게 일을 시키고 그 끝남을 보고받을 때, 노고에 감사하는 것을 잊어서는 안 된다. 이 경우에 '고맙네, 수고했어'의 한마디는 아주 짧지만 유요한 것이다."(잡훈 10칙)

『부하가 본 감독자론』

"부하의 수고는 솔직하게 말해주면 좋겠다. 아침저녁 부하의 인사에 대하여 단지 한마디의 웃는 얼굴로 대답하기를 '아, 잘 잤나?', '아, 오늘 하루 수고했어.'라는 말을 가볍게 던져주기 바란다."

『해군차실사관수칙』

"부하의 나쁜 점은 그 장소를 불문하고 시정하라. 온정주의는 절대 금물. 그러나 힐책하는 때는 장소와 상대를 고려하라. 정직하고 마음이 여린 젊은 부하를 상스런 용어로 힐책한다든지, 하사관을 병들 앞에서 힐책하는 것은 백 가지 해로움은 있되 한 가지 이로움도 없다는 것을 알라."(부하지도에 관하여)

『부하가 본 감독자론』

'부하 앞에서 간부를 구질구질하게 질책한다든지', '얼굴을 맞대고는 영합하면서, 주위도 기울지 않고, 뒤에서는 상관에게 보고하여 징계한다든지, 좌천시킨다든지' 하게 되면 이러한 힐책방법은 매우 불

쾌하고 반발감만 사게 된다. 이런 경우가 여론조사에서 39건이나 나
왔다.

『해군차실사관수칙』

'경례는 예의바르고 엄격하게 하라.'(함내생활 일반수칙)

단체생활을 하고 있는 함내에서는 경례의 철저와 경례에 대한 답례
라고 하는 당연한 것을 지적하고 있지만, 『부하가 본 감독자론』에서
도 '부하의 경례에 대하여 답례하지 않는다.'(5건), '순사부장이나 순사
에게는 입도 뻥긋하지 않고, 답례도 하지 않는다.'(1건), '답례도 하지
않고, 허세부리기만 한다.'(1건) 등등, 7건에 걸쳐 부하의 비판의 목소
리가 들린다.

'상을 먼저 하고, 벌을 뒤에 하라'

두 사람의 선배로부터 배운 『해군차실사관수칙』과 『부하가 본 감
독자론』을 공부하여 얻은 감독지도의 노하우는 경시청 제일선의 현
장에서 근무 중 많은 도움이 되었다. 예컨대 메구로 경찰서의 현장
에서 외근 제3반의 주임이 된 지 얼마 되지 않았을 때, 이런 일이 있
었다.

"주임님, 시모메구로에서 자동차 절도 미수사건이 일어났습니다."
라고 심야에 돌연 가미메구로 4번지 파출소 순사로부터 보고를 받았

다. 나는 자전거를 빌려 타고 시모메구로 파출소로 직행하였다. "죄송합니다. 범인을 놓치고 말았습니다."라고 이토 순사가 입을 다물었다. 이토 순사는 베테랑급 순찰 순사로서 우리 제3반의 기간요원이었다. 한때는 내근특무 수사계 형사였다.

그의 보고에 의하면, 시모메구로 3가 98번지 앞의 도로에서 두 사람이 주차중인 대형 미제 승용차 밑에 기어들어가 두리번거리고 있었다고 한다. 가까이 가서 "무엇하나?"라고 물었더니 "고장이 나서 수리중이다."라고 대답했다. 그렇겠지 생각하고 통과하려고 할 때쯤 번쩍 생각이 떠올랐다고 한다. 요새 젊은이가 벤츠나 BMW 같은 고급 외제차에 타고 있어도 달리 이상하다고 생각하지 않지만, 당시 젊은이들이 미국제 고급차를 탈 리가 없다. 이상하다고 생각하여 뒤돌아본즉 두 사람이 따로따로 도망쳤다. 도망가는 범인을 전력을 다해 쫓아갔으나, 중년의 나이에 접어든 이토 순사는 결국 놓치고 말았다.

바로 조사해보니, 차주는 주일미군의 육군 대령이었다. 차종은 53년형 머큐리, 가격은 3,000달러, 일본 엔화로 약 108만 엔이었다. 한마디로 당시 일본인으로서는 그림의 떡이었다. 대령은 어쨌든 차가 무사한 것에 대하여 매우 기뻐하며 악수로 예의를 표했다. 현장에 남은 유류품은 656이란 번호가 붙은 주머니, 몽키렌치, 철사커터, 펜치 등이었다. 조금만이라도 발견이 늦었더라면, 배선을 직접 연결해 시동을 걸고 자동차를 탈취하여 도주할 순간이었다.

다음날 아침, 서장실에서 조회가 열렸다. 그런데 사건이 뜻밖의 방향으로 발전되었다. 나의 직속상관인 차석 경부가 범인을 그대로 도 망치게 한 이토 순사는 직무태만이므로 징계처분을 해야 한다는 의 견을 내놓았다.

이토 순사는 나이도 나보다 많고 경력으로도 선배였지만 나의 부 하였다. 그의 상관으로서, 징계처분을 말한 상대가 나의 직속상관이 었지만, 묵묵히 듣고 있을 수만은 없었다.

"이토 순사는 심야에 충실하게 순찰 코스를 따라 순찰하였습니다. 만약 순찰 코스를 생략하는 등 태만한 순찰을 했다면 그 자동차는 도 둑맞았을 것이고 그렇게 되었다면, 100만 엔 이상의 절도사건이므 로 고액 절도로서 전국에 수배해야 합니다. 이는 메구로 경찰서의 불 명예를 전국에 알리는 결과가 됩니다. 이토 순사는 나이든 경찰로서 따라가 잡지 못한 것은 불가항력이었습니다. 오히려 나는 이토 순사 에게 '경찰서장 표창'을 주어야 한다고 생각합니다."

"무슨 공적인가?"라고 서장이 물었다.

"순찰 업무를 성실히 수행하여 고액 절도를 미연에 방지한 공로입 니다. 피해자인 미군 대령은 차가 무사하다고 기뻐하며 악수까지 청 했습니다. 일본경찰은 근면하다고 칭찬까지 받았습니다. 그것을 징 계처분 해야 합니까? 대령에게 이러한 사실이 알려지면 무슨 말을 해야 합니까?"

'내 말이 지나쳤지 않나…'하고 내심 생각했지만, 서장은 의외로 "현행범을 체포하지 못했던 점은 유감이지만, 삿사 주임이 말한 바도 일리가 있다. 서장표창을 고려해 보지."하고 말했다. 그 때, 나의 머릿속에는 『해군차실사관수칙』의 "우선 단점을 찾기 전에, 장점을 발견하도록 노력하는 것이 긴요하다. 상을 먼저 하고 벌을 뒤로 하는 것은 예부터 전해오는 유명한 가르침이다."(부하지도에 관하여)라는 문구가 떠올랐던 것이다. 며칠 후 경찰서 훈육실에서 서창표창 수여식이 있었다.

이토 순사는 노란색 봉투 속에 들어있는 '경찰서장 표창'을 수상했다. 또한 봉투 속에는 10엔짜리 동전 한 개의 부상도 따랐다. 그로부터 세월이 경과한 후 어느 날 한 사람의 순사가 와서 "주임님, 이토 순사가 그때 이후 무엇을 하고 있는지 알고 계십니까? 그 친구 실수를 범했다고 하며 사기가 떨어져 있었지요. 그런데 서장표창을 받았단 말이에요. 그런 다음부터 '나는 진짜 형사이다. 그 정도 일도 못한다면 남자로서 자부심이 말이 아니다.'라고 하면서 의욕에 넘치고 있습니다."

가만히 들어보니 비번과 주말을 반납하고 현장의 유류품을 끼고 틈틈이 수리공장이나 지역의 공장을 분주히 수배하고 있다고 하였다.

과연 그렇다. 만약 그때 질책을 했더라면, 이토 순사의 하려는 의욕은 솟아나지 않았을 것이리라. 그렇게 되면 사기가 저하되어 그 후의 근무시에 통상 그가 지니고 있는 능력을 발휘하지 못했을지도 모른다.

그 사건 이후, 내 책임하의 제3반 요원들은 매우 의욕적으로 근무하여 반(班)의 성적이 두드러지게 향상되었다. 한 사람이 하고자 하는 의욕을 내어 열심히 하면, 그 열의가 주위에 전파되어 모두의 사기가 앙양되는 것이다.

'용장(勇將) 밑에 약졸(弱卒) 없다'

1959년 오이타현 경찰본부 경무과장으로 근무할 때도 귀중한 실전 체험을 하였다. 때마침 벳푸시에서 실시되는 문부성의 도덕교육 규슈지구 강습회에 반대하는 2,000명의 일본의 교조(教育勞組) 저지투쟁에 대한 경비임무의 지휘를 맡았던 때의 일이다. 후쿠오카현 경찰 등의 증강부대를 포함하여 1,200명의 대부대를 지휘한 것은 이때가 처음이었다.

대규모 부대 행동을 지휘하기 위해서는 수송, 급식, 통신, 위생구급 등의 후방지원이 매우 중요하며, 또 얼마나 어려운 일인지를 배우게 되었다. 지휘관으로서의 가장 어려웠던 실전체험은 1968년부터 1970년까지, 990일간에 진행된 제2차 미·일 안전보장조약 개정 저지투쟁을 전개한 과격파 폭력집단에 대한 치안경비를 담당했던 경시청 경비부 경비 제1과장 시절이었다.

그 교훈은 본서의 각 장에서 적절한 때에 사례를 들어 설명을 하겠지만, 실전경험을 거친 해군장교들이 탁상공론이 아닌, 경험을 통하여 체득한 계율이나 수칙을 기록한 『해군차실사관수칙』을 정독한 것이 내게는 여하튼 큰 도움이 되었다. 이를테면 '부하 통솔의 필수 요소'에 "지휘관의 용기는 부하로 하여금 물불을 가리지 않게 하는 것이다. 스스로 진두에 서서 나아가는 것은 무인(武人)의 본분으로서, 용기가 없는 무인은 부하를 통솔할 수 없다. 만약 부하의 면전에서 용기를 결한 행위를 할 때는 지휘관으로서의 권위가 실추된다. 무용(武勇)은 무인의 귀중한 가치관으로서 통솔의 중요한 요소이다"라는 구절이 있다.

또 '부하지도'에 관해서는 "솔선감행(실행), 부하를 이끄는 차실사관은 부하의 모범이 되는 것이 필요하다. 어떤 일을 할 때도 항상 부하의 앞에 서고, 어려운 일을 보면 제일선에서 이를 맡으며, 결코 부하들의 뒤에서 따라가지 말라. 또 자기가 불가능하다고 하여 부하에게 강요하지 않는 것은 좋지 않다. 부하에게 혐오 받는 것을 괘념하는 것은 절대 금물이다."라고 하였다.

나는 소위 70년대 투쟁의 가두무장행동 수습의 현장에서, 아니면 동경대학교 야스다 강당 봉쇄 해제 경비를 정점으로 하는 약 200회에 달하는 '공성(攻城)'의 현장에서, 이 『해군차실사관수칙』을 항상 염두에 두고 격렬한 투석, 화염병, 유산병 투척, 쇠파이프, 각목에 의한 공격의 정면 제일선에 선다는 마음을 가졌다.

보통 현장 경비부의 지휘관은 감색 출동복에 폴리카본네이트 헬멧, 플라스틱 라이너, 방호복이라는 경비임무용의 복장으로 현장에 나가는 사람이 많았다. 그러나 나는 시종일관 철두철미하게 사복이었다.

제1차 세계대전의 독일 공군의 격추왕 폰 리히토펜 남작은 공중전에서 항상 선두에 섰고, 애기(愛機)를 새빨갛게 페인팅 하여 '지휘관이여기에 있다'라고 적과 아군에게 그 소재를 분명히 밝혀, 지휘관기를 노리고 공격하러 들어오는 영·프 공군전투기를 실제로 80기나 격추시켜 '레드 바론(붉은 남작)'이라는 칭호를 들을 만큼 용맹을 떨쳤다.

여기에서 배워 나도 사이드 벤츠의 신사복에 모자를 쓰지 않는 스타일로, 간다칼츠라탄 투쟁이나 '공성'의 현장에 모습을 나타냈다. 그렇게 하면 기동대장들은 "경비1과장을 보라, 방패도 헬멧도 없이 사복으로 최일선에 나오지 않았는가? 너희들, 중장비로 무장한 것이 부끄럽지도 않은가? 앞으로, 앞으로, 전진하라!"라고 대원들을 질책하고 격려하였다.

고마웠던 일은, 이름도 모르는 대원들이 사복차림의 나를 다치지 않도록 관심을 가지고 보호해 주었다는 것이다. 투석이란 것은 무서워하며 얼굴을 숙이는 사람이 맞는다. 눈을 뜨고 포물선을 그리며 날아오는 돌을 똑바로 쳐다보고 있으면 몸을 돌려 피할 수 있기 때문이다. 때때로 잘 주시하고 있더라도, 투석이 사각(死角) 방향에서 날아온 것이 있다.

어느 날 돌연히 '위험하다!'라고 소리 지르며 기동대원이 달라붙어, 나를 겨냥하여 날아오는 돌덩이를 방패로 막아준 일이 있다. '어이, 고마워!'라고 소리를 질렀더니, 흰 이를 드러내며 웃고는 그 대원은 자기 대열로 돌아갔다. 지금도 생각하면 마음이 뜨거워지는, 신선하고 강렬한 연대감이 아닐 수 없다.

지옥에까지 따라오는 부하들

아사마 산장 사건의 현장에서도 비슷한 일이 있었다.

1972년 2월 28일 오후, 제2기동대장 우치다 나오타카 경시와 특과차량대 다카미 시게미츠 경부 두 사람이 순직하고, 다수의 대원들이 총탄에 쓰러지고, 쇠파이프 폭탄에 부상당하며, 영하 15도의 추위에 무전기의 배터리도 얼어붙어 지휘계통이 마비되었을 때의 일이었다. 아사마 산장을 향하여 오른쪽 언덕에서 바라보는 좌측의 출입구인 관리인실과의 명령 전달이 어찌된 셈인지 잘 이루어지지 않았다.

다카미 중대장이 순직한 현관 정면에는 모래주머니와 방패로 된 방탄벽의 틈새가 출입구로 되어 약 10미터 정도 방호물도 없는 채 벌어져 있었고, 지붕밑 방이나 3층벽에 뚫은 총구멍에서 발사되는 소총, 산탄총의 총알이 쏟아졌다. 누군가 현장지휘관이 오른쪽에서 왼쪽으로 질주하여, 전령으로서 아사마 산장에 돌입해 있는 결사대

지휘관에게 경비본부의 명령을 전달하지 않으면 안 되었다. 나는 내 자신이 가기로 결정했다.

전령인 우시로다 순사부장에게 "자네는 자식이 아직 어리니 여기에 남아 있어. 내가 저쪽으로 가겠네."라고 말했다. 그는 경비 제1과 별실에서 나의 비서로 근무했던 히노 양과 결혼하여 첫 아이를 본 직후였다. 그러나 우시로다 군은 "아닙니다. 반드시 따라 갑니다."하며 같이 갈 것을 고집하였다. 그러한 순간에, 이를 듣고 있던 현장의 2기동대 대원 하나가 관리인실 입구 부근에 엎드려 있는 동료를 향하여 소리쳤다.

"야, 1과장이 그 쪽으로 간다."

당시 나는 이미 경찰청 경비국에 전근되어, 경비국 소속의 감찰관이라는, 말하자면 Trouble Shooter(고장 처리자)의 무임소 과장이었다. 그러나 3년 가까이 고락을 같이 하며 싸웠던 경시청 기동대원들에게는 언제나 나는 '1과장(경비 제1과장)'이

돌입작전

아사마 산장 사건(1972년 2월 28일) 1972년 2월 19일, 일본 나가노 현 기타사쿠 군 가루이자와 정에 있는 가와이 악기 소유의 사원용 휴양시설인 아사마 산장에서 일본적군의 일부 세력인 연합적군(전국에서 금융기관을 습격, 폭탄테러를 자행해온 집단)이 일으킨 사건을 말한다.

일본 연합적군의 다섯 조직원(사카구치 히로시, 반도 구니오, 요시노 마사쿠니, 가토 미치노리, 가토 모토히사)이 아사마 산장의 관리인의 배우자를 인질로 하여 10일 간 산장에서 인질을 잡고 경찰과 총격전을 벌이며 대치하게 되었다. 결국 28일 경찰특공대가 돌입, 5명을 체포하기까지 경찰 1명이 숨지고 25명이 부상했다.

인질은 약 219시간 정도 감금되었다가 모두 무사히 풀려났는데, 일본에서 경찰과 대치 중에 일어난 인질 사건으로 인해 인질이 감금된 시간 기록에서는 가장 긴 기록으로 남아 있다. 경찰 조사과정에서 더욱 놀라운 사실이 밝혀지게 되는데, 초겨울에 내려진 소집령에 따라 산악지대에 모인 29명 중 14명이 내부 처형된 것으로 드러난 것이다. 자아비판 과정에서 연애 경력 등을 이유로 동료를 간단히 죽음으로 내몰고 심지어 임신부까지 살해했다.

모리 쓰네오는 "때리는 것이야말로 최고의 지도방법이며 기절했다가 깨어나면 새로이 완전한 사회주의 전사로 태어난다."라고 강변하며 기절할 때까지 두들겨 패는 방법으로 단체를 통솔하여, 자신의 방식에 따르지 않거나 마음에 안 드는 대원은 때려서 죽이고, 1월의 산중에서 여성대원을 밖으로 쫓아내서 얼려죽이고, 목졸라죽이고, 죽을 때까지 흉기로 찌르는 등 극악한 방법으로 14명을 처형한 것이다.

이사건 이후 사회주의 학생운동은 대중으로부터 철저히 외면 받게 되는 계기가 되고, 과격 무장게릴라로 성격이 변질된 사회주의, 공산주의 학생투쟁은 일본에서 실질적 종말을 초래하게 된다.

모리 쓰네오와 나가타 히로코는 아사마 산장 사건 직전, 활동자금을 구하기 위해 산을 내려왔다가 경찰에 잡혀 모리 쓰네오는 1973년 1월 재판 도중 도쿄구치소에서 자살하고, 나가타 히로코는 장기간에 걸친 재판 끝에 1993년 사형이 확정된 상태에서 집행되지 않고 있다가 2011년 2월 5일 뇌암으로 옥중병사하게 된다.

었다.

'간다!'라고 소리치며 나는 눈을 차면서 내달렸다. 몸을 굽히고, 튀어 오르는 헬멧을 한손으로 누르고, 10미터 정도의 개구부를 가로질러 전력 질주하였다. 무전기를 지고 있는 우시로다 전령도 목숨을 걸고 달렸다. 그때 상황을 눈치 챈 기동대원 두세 명이 방패를 들고, 범인들의 총구멍과 나 사이를 자신들이 방패가 되어 나를 엄호하며 같이 질주하였다. 저쪽에서도 두세 명이 방패를 들고 나를 맞으러 나오는 것이 보였다. 우리는 한 덩어리가 되어 반대쪽 언덕 밑으로 눈발을 날리며 마치 야구에서의 슬라이딩처럼 미끄러지며 진입했다.

'슬라이딩 도루 성공, 세이프!'라고 하며 내가 웃자, 주위의 대원들이 일제히 하얀 이를 드러내며 박수를 쳤다. 감동의 한 순간이었다. 나는 전혀 그러한 보호를 해주도록 요청한 적도 없으며, 현장에 있는 소대장이 명령하지도 않았다. 그저 선두에 서겠다는 지휘관을 위해 대원들이 몸을 던져 보호한 것이다.

사건이 해결되어 동경으로 돌아오면서 나는 그때 같이 뛰었던 대원들에게 감사의 말을 해야겠다고 생각하여 경시청에 문의하였으나, 누구 한 사람도 이름을 대지 않았다. 그러므로 지금도 그 사람이 누구인지 알지 못한다. 이 책을 읽고 지난날의 대원들이 이름을 밝히며 나타난다면, 나는 밤새 그들과 술잔을 나누고 싶다.

'하학(下學)으로 상달(上達)한다'의 정신이 왜 중요한가?

『논어』에는 '하학(下學: 밑바닥 현장공부)으로 상달(上達: 위에 도달함)한다'
라는 가르침이 있다.

'군자는 상달하고, 소인은 하학한다'라는 표현도 있다. 요컨대 "항
상 가까이 있는 것에서 배우고 시야를 넓혀 상달하는 것을 지향하는
사람은 훌륭한 인간[君子]이 되고, 항상 위에서 밑을 보려고 하는 자
는, 즉 자신의 한정된 지식만으로 사물을 판단하는 인간은 우매한 자
[小人]이다."라고 공자는 말했다. 그러나 지금은 이러한 '하학(下學)'의
정신을 되새겨 보려는 경향은 없고, '하달(下達)'에 바탕한 정신론이
중시되는 경향이다.

이것은 야마모토(山本七平) 씨의 저서 『논어를 읽는 방법』에 상세히
나와 있지만, 일본의 민주주의는 말하자면 패전의 결과로서 '연역적'
으로, 즉 관념론으로서 밖과 위로부터 도입되었다.

일본에는 과거 독일식 관념론의 '연역법'을 존중하여 법률도 실정
법을 중시하는 풍조가 있었다. 그 때문에 영국식의 현실주의에 바탕
한 경험 중시, 관습법 중시라는 소위 앵글로 색슨식의 발상법을 차원
낮은 '귀납법'이라고 하여 한 단계 낮게 보는 경향이 (특히) 인텔리들
사이에 있었다. 여기에 미국의 데모크라시가 '연역적'으로 도입되어
왔기 때문에, 정치제도로 된 민주주의가 절대적 가치, 인간사회의 규

범으로서 고정화 된 것이다.

본래 인간은 상대적으로 그 가치관도 다양하므로 집단의 원리는 다수결에 의하여 결성된다는 '상대주의의 산물'이고, 민주주의란 인간 개인의 규범과는 차원을 달리하는 개념이다. 그러나 이 상대주의의 산물에 절대적인 가치를 부여하고 말았기 때문에 일본헌법은 유일한 '평화헌법'으로 거의 종교적 우상으로 숭배되는 '불마(不磨)의 대전(大典)'(닳지 않는, 개정할 수 없는 절대적 경전)이 되었다. 때문에 개정을 거론하는 자는 민주주의를 부정하는 군국주의자라고 치부해 버리는 중세의 마녀사냥과 같은 정치사상이 아직도 지배적이다.

그렇지만 사과가 나무에서 떨어지는 것을 보고 뉴턴이 '만유인력의 법칙'을 발견한 것처럼 인간사회를 운영하는 사회적인 제법칙·제반 제도 역시 개개의 구체적인 산물에서 법칙을 도출하는 귀납법적 정신이 없으면 보편적인 명제를 발견하는 것이 불가능하다.

『해군차실사관수칙』이나 미 해군사관생도 또는 후보생의 필독서 『리더십』 그리고 본 책자는 분명히 귀납법에 바탕을 두고 경험법칙에 배경을 가진 '현장지휘관수칙'이다. 그 점에서 '천황의 명령은 절대적이다'라는 구 일본 지휘관수칙(연역적인)은 이 책자와는 전적으로 다른 착오적인 정신주위이다.

제1장 · 'After you' 와 'Follow me'

- 현장 리더의 근본정신과 기본 매너 -

'평상시에는 신사가 되고, 유사시에는 무인(武人)이 되라'

과거 방위대학교 교장인 츠치다 구니야스(土田國保) 씨는 전교생들에 대한 훈시에서, 방위대학교 졸업생의 마음가짐으로서 '평상시에는 신사과 되고, 유사시에는 무인이 되라'고 말한 바 있다. 이렇게 말한 것을 내 나름대로 해석하여 한 마디의 영어로 단적으로 표현하면 '평시에는 After you(먼저 하십시오)'이고, '유사시에는 Follow me(나를 따르라)'라고 할 수 있을 것이다.

쿠사카 키미히도(소프트화 경제센터 이사장) 씨의 말에 따르면, 미국의 육군사관학교 웨스트포인트에서는 장교의 예절교육을 위하여 『커디켓(Cadiquette)』이라는 저서를 필독서로 제시하고 있다고 한다. 일종의 도덕에 해당한다. '커디켓'이란 'Cadet(사관생도)'과 'Etiquette(예절)'을 합성한 신조어로서, 번역하면 '사관생도 예절수칙'이 될 것이다.

웨스트포인트에서는 장래 미합중국 육군의 중추가 될 육군 장교들, 더 나아가 미국 사회의 엘리트 지도자들이 될 그들을 위하여 우선적으로 예절교육을 중요시 한다. 군인의 사회적 지위가 오늘날 일본과는 비교되지 않을 정도로 높은 미국에서는 육·해·공·해병대 4군의 장교는 그만큼 높은 품성, 교양, 지식수준, 예의가 요구되는 것이다.

평시에는 윗사람을 공경하고, 약자를 도우며, 겸허하게 상대의 입장을 존중하고, 항상 'After you'라고 하며 양보하는 것이 세련된 신사의 소양이다. 허리를 쭉 편 똑바른 자세, 손질을 깨끗이 한 단정한 복장 등 멋진 외관, 청결한 몸가짐 등도 신사의 구비요건이다.

따라서 웨스트포인트 육군사관학교에 가도, 아나폴리스 해군사관학교에 가더라도 통로, 계단, 세면장 등등에 이르기까지 자기 자세를 비춰 볼 수 있는 거울이 있는데, 이것은 학교 측이 생도들에게 항상 자기의 외모를 단정하게 갖출 수 있도록 얼마나 신경을 쓰고 있는 가를 대변하고 있는 것이다. 그러므로 평시에 높은 품격과 깊은 교양을 구비한 신사가 유사시에는 항상 하사관·병의 선두에 서서 'Follow me'의 정신으로 충만한 용감한 지휘관으로 바뀌는 것을 기대할 수 있다.

'신사(紳士)'의 정의

『해군차실사관수칙』은 구 일본해군의 정신교육 교재이므로 당연한 것이지만 현대의 일본사회에 맞지 않는 충군애국(忠君愛國) 논조의 훈시도 다수 보인다. 그럼에도 불구하고 평시에 있어서 신사로서의 'After you'의 마음가짐은 아직까지도 그대로 통용되는 것이다. 또 유사시 용감한 현장지휘관으로서의 'Follow me'의 수칙에 관해서도 동서고금을 통하여 불변의 진리라고 할 수 있는 교훈이 곳곳에 설명되어 있다. 그래서인지 『해군차실사관수칙』은 일본판 웨스트포인트의 『커디켓』으로 아직까지도 많이 통용되는 것 같다.

앞서 언급한 미 해군사관생도의 필독서 『리더십』에 있어서, 미 해군협회는 ‘신사로서의 해군장교’라는 항목에서 ‘사관과 신사는 동의어이다’라고 하며, 다음과 같이 신사를 정의하고 있다.

“안으로도 밖으로도 청결한 사람, 부자라고 하여 존경하지 않고 가난한 사람이라고 하여 경시하지 않는 사람, 지더라도 비명을 내지 않고 이기더라도 자만하지 않는 사람, 타인에게 배려할 줄 아는 사람, 대담하더라도 허풍을 떨지 않고, 관대하면서 기만하지 않으며, 분별이 있고, 빈둥빈둥 놀지 않는 사람, 세상의 재화(財貨) 중에서 자기 것만을 취하지 않으며, 타인에게도 그 사람 분량만큼을 갖게 하는

분열행진을 하는 웨스트포인트 사관생도들 신사의 정신은 무인의 정신에서 생겨났다.

사람… 이런 사람이야말로 진정한 신사이다."

또 이 책은 육군사관학교(West Point), 해군사관학교(Anapolis), 공군사
관학교(Colorado Springs) 등 각 사관학교 공통의 학생강령을 소개하고
다음과 같이 적고 있다.

"우리들은 거짓말을 하지 않고, 훔치지 않고, 속이지 않는다. 또한
우리들 중에서 이러한 행위를 하는 자를 용서하지 않는다."

이것은 극한 상황에서 대처하는 조직을 최후까지 조직답게 지켜
야 하는 조직 구성원 간의 신뢰를 확립하기 위한 요체가 구체적으로
응축되어 있다.

본서에서는 현대의 세상에 맞게, 현재의 가치관과 동떨어진 충군
애국적(忠君愛國的)인 설교나, 함부로 정신주의를 고취하는 것만으로
'어떻게 하면 좋은가?'라고 하는 방법론을 수반하지 않는 훈시는 삭
제하고, 아직까지도 공무원이나, 군인, 경찰관, 민간기업의 청년간부
들에게 통용되는 평시의 'After you'의 방법이나 예절을 제시한다.

그리고 나서 일단 유사시 부하를 통솔하여 난국에 대처하기 위한
'Follow me'의 지휘관 수칙을 논하고자 한다.

펭귄증후군(Penguin Syndrome)

생각해보면, 현실사회에서 간부라는 사람들은 앞서 논한 것과는

반대로 대접만 받고 있다고 여겨진다. 평시의 안전한 T·P·O(시간·장소·상황)에서는 '내가, 내가' 하며 서로 선두에 서서 'Follow me'만 부르짖고 자기현시(自己顯示)의 스탠드 플레이를 해 보이는 관리직 사람이 뭔가 나쁜 것, 위험한 것, 어려운 것이 생기면 갑자기 몸을 사리며 '자네가 한번 해보게'라고 하며 갑자기 'After you'라고 하며 선두를 양보하는 모습이 자주 보이기 때문이다.

소위 '어렵고, 더럽고, 위험한' 3D의 일이 발생하면, 모두 꼬리를 내리고 누군가 다른 사람을 선두에 세우려고 하는, 소극적인 권한 싸움을 시작하는 것이 세상의 다반사이다. 얼마 전 어느 TV 방송국의 동물에 관한 특별프로그램에서 남극 펭귄 무리의 생태를 방영한 적이 있다. 매우 유익한 프로그램이었다.

해면에 떠있는 거대한 얼음의 가장자리 위에서 펭귄들이 북적거리면서 기묘한 밀어내기 놀이를 하고 있었다. 식사시간의 장면이라고 생각되었는데, 고기를 잡으러 바다에 뛰어들기 전에는 언제나 그렇게 한다는 것이다.

펭귄들은 오랜 경험으로 이것을 알고 물가에서 서로 밀치며 우선 시험 삼아 한 마리의 동료를 떨어뜨려 본다. 그 펭귄이 무사한지 아닌지 확인한 다음, 이들은 긴 행렬을 지어서 정확히 안전하다고 증명된 지점에서 착착 물속으로 뛰어들었다. 그 광경은 무엇보다 인간을 닮아서 재미있었다.

인간사회에서 인간들이 품위를 지켜가면서 살아가고 있는데, 위기에 당면해서는 인간들이 하는 'After you'를 펭귄들이 허식을 빼고 솔직하게 있는 그대로 연출하고 있는 것이기 때문이다. 인간은 누구든지 결과가 약속되지 않은 행동의 개척자 제1호가 되는 것을 싫어한다. 누군가가 해주는 것을 마른 침을 삼키며 지켜보고 '잘되어 있다'라고 안심한 후 그 흉내를 낸다.

현장지휘관이 되는 자는 이 펭귄증후군에 걸려서는 안 된다. 또한 훌륭한 현장지휘관이 되려면 보통의 인간본성에 반하는 역행동(逆行動)을 취하지 않으면 안 된다.

상관은 항상 노출되어 있다

사관생도의 제일 수칙은 우선 훌륭한 외관을 갖추는 것이다.

간부는 항상 부하가 보고 있다. 인간은 원래 아름다운 것이라든가 아니면 멋진 것을 동경하는 경향이 있는데, 부하들도 자신들의 상관이 나타나는 곳에 갈 때는 상관이 멋지게 보이는 것을 매우 기대하고 있다.

특히 상관들이 직장이나 직책을 대표하여 행동하는 때에는, 예컨대 일상적으로 그 상관에 반감을 갖고 있더라도, 올림픽이나 국제시합에서 자국의 대표를 응원하는 것처럼 내심으로는 그 상관이 멋지게 대접받기를 바라고 있을 것이다.

이것은 G-7 정상회담에 참석한 일본의 역대 수상들의 행동거지, 자세, 태도가 여타의 구미 6개국 대통령 및 수상들과 비교하여 열등하게 보이면 부끄럽게 생각하고, 당당하면 단지 그것만으로 기쁘게 되는 것과 같은 감정이다.

나카소네 야스히로 전 수상은, 역대 일본 수상 중에서 눈에 띄게 키가 크고, 영어도 할 수 있고, 정상회담 시 각국 수뇌와 함께 찍은 사진에서도 다른 나라 수뇌와 비교하여 뒤지지 않는 것만으로 국민으로부터 높은 평가를 받았다.

현장지휘관의 적격성의 기본적 조건 중 하나는, 자세·태도·행동거지가 어울리는, 모양이 좋아야 한다는 것이다.

외관상의 현장지휘관의 적격성은 다음과 같다.

첫째, 단정한 자세 – 턱을 끌고, 가슴을 펴고, 배를 끌어당기고, 무릎을 쭉뻗은 '차렷'자세의 단정한 것이 제일의 조건이다.

둘째, 표정의 통제 – 입을 굳게 다물고, 눈은 안정되게 정면을 본다. 입매가 굳게 다물어지지 않는다든지, 곁눈질을 한다든지, 눈을 자주 두리번거리며 움직이는 것은 좋지 않다.

사람들과 얘기할 때는, 자연스럽게 상대방의 얼굴을 바라보며 대화를 한다. 만약 아래 또는 옆으로 보며 얘기하는 사람은 상대에게 불쾌감을 줄 수 있다.

자신의 '표정'에 책임을 져라

지휘관은 자신의 표정 통제가 되지 않으면 안 된다. 에이브러햄 링컨 미국 대통령은 "40세를 지난 사람은 자신의 표정에 책임을 져야한다."라고 말한바 있는데 이 훌륭한 정치가의 말을 되새겨 볼 필요가 있다.

지휘관은 자기의 표정 중에 어떤 것이 타인에게 호감을 주는지, 혐오스럽지 않은 표정, 위엄 있는 표정은 어떤 표정인지 등을 잘 기억하여 스스로 숙련할 필요가 있다. 왜냐하면 부하들은 지휘관의 표정변화에 따라 지휘관의 정신 상태를 추측하고, 때로는 그 의미를 과대하게 평가하여 일희일비(一喜一悲) 하기 때문이다. 그러므로 지휘관은항상 차분한 마음가짐과 표정을 잃지 말아야 하는 것이다.

젊은 초임장교라면, 이러한 연기력을 몸에 익힌다는 것이 경험도일천하고 공부도 부족하여 어려울 것이다. 그러나 지휘관은 평시나유사시에, 예컨대 업무상 보고를 받는 자리에서 좋을 때도 나쁠 때도항상 평온한 표정으로 부하의 보고를 받을 준비가 되어 있다는 것을주입시켜 두는 것이 바람직하다. 그렇지 않으면 시급하게 보고하지않으면 안 될 나쁜 정보가 입수되었을 때, 지휘관이 불쾌한 얼굴로대하면 부하는 이런 때에 나쁜 보고를 하면 화를 내지 않을까 하는쓸데없는 고민을 하여 바로 말할 기회를 놓치고 만다. 그런 동안에 나쁜 사태가 발생하고, 수습이 늦어지게 된 사례가 실제로 있었다.

미국의 아이젠하워 대통령이 배우 로버트 몽고메리의, 케네디 대통령이 배우 피터 로포드의 연기지도를 받았다는 사례는 그만큼 리더(지휘관)는 연극을 연출할 수 있을 정도로 연기력이 필요하다는 것을 시사(示唆)한다.

구 일본해군의 끈질긴 근성

'표정의 통제'는 지휘관으로서 평소에도 중요한 것이지만, 특히 조직이 위기관리체제로 들어갔을 때 아니면 어느 인간집단이 극한상황의 '패닉'상태에 처했을 때도 매우 중요하다.

그 집단의 책임자로서 희로애락을 바로 얼굴에 나타내지 않도록, 마음속을 들키지 않도록 표정관리를 해야만 하는 이유는 지휘관 자신이 동요하면 이미 부하들은 물론이요 그 조직 자체가 위험에 빠질 수 있기 때문이다.

해군의 전쟁기록에는 여러 가지가 있지만, 표류의 체험을 겪은 것으로『선임장교 - 군함 나토리 단정대의 귀환』이라는 책이 있다. 태평양 전쟁사에 남아있는 경순양함 '나토리' 단정대의 생환 이야기인데, 그 개요를 소개하면 다음과 같다.

1944년 8월 18일 경순양함 '나토리'(배수톤수 5,500톤, 승조원 600명)가

필리핀 군도 동방 600㎞ 해상에서 미 해군 잠수함의 어뢰 공격을 받고 격침되었다. 생존자는 195명이었다. 정원 45명의 커터(Cutter: 대형 보트) 3척에 초만원으로 분승한 생존자들은 항해장 코바야시 에이이치(小林英一, 27세) 대위의 지휘하에 매일 밤 10시간씩 노를 젓고 또 돛을 달면서 15일간 600㎞의 거친 파도를 넘어 마침내 민다나오 섬 동북단의 스리가오에 도착한 것이었다. 그 동안 하루 건빵 두 개를 나누어 주고, 식수는 스콜을 받아 모아서 나누어 주었으며, 나침반도 없이 별을 보며 항해하였다.

　이러한 구 일본해군의 끈질긴 근성에 관한 이야기인 이 책은 베스트셀러가 되었다. 과거 해군대위로서 경순양함 '나토리'의 통신관이자 단정대 차석장교였던 저자인 마츠나가 씨는 모함이 침몰 직후, 단정 내에서 선임장교인 코바야시 항해장(대위)과 함께 항해 작전계획을 의논할 때의 당시 상황을 다음처럼 기술하였다.

　『구조함이 바로 올 것이라고 단정대원들이 낙관하고 있던 이날 오후(필자주: 1944년 8월 18일 경순양함 '나토리'가 미 잠수함의 어뢰공격을 받고 침몰되었으므로, 그 다음날인 8월 19일 오후) 선임장교(코바야시 대위)가 나를 단정 뒤꼬리 쪽으로 불렀다. 아무런 생각 없이 정수(艇首: 단정머리) 쪽을 바라보니, 대부분의 대원들이 심각한 표정으로 선임장교와 나를 보고 있었다. '사고가 일어나면 부하는 누구라도 지휘관의 얼굴을 본다.'라는 해군병학교(사관학교 격) 교관의 말이 생각났다. 대화의 내용이 들리지 않도록, 낯빛을 보이지 않도록 주의하여 등을 뒤로 돌리고

후방의 바다를 바라보며 의논을 했다. "통신관, 자네의 상황 판단은
어떤가?" "결론적으로 말하자면, 여기서 그대로 있어서는 안 된다고
생각합니다."(중략) 갑자기 통통통통…하며 밤의 정적을 깨듯이 엔진
소리가 들려왔다. 삽시간 단정 내에서는 강한 파도와 풍랑, 즉 자연과
싸울 때와는 완전히 다른 분위기가 감지되었다. 대원 모두가 마른침
을 삼키며 일제히 선임장교의 얼굴을 주시하였다. 압박감을 주는 그
소리는 비행기의 가솔린 엔진이 아니라 잠수함 디젤 엔진이었다…』

물 위에 떠올라 항해해 가는 미국 잠수함이 근거리를 통과하여 갈
때의 상황을 묘사한 것이다. 다행히 적에게 발견되지 않고 무사히 위
기를 넘긴 것이지만, 이런 경우의 현장지휘관은 부하 전원에게 일거
수일투족을 보여주고 있는 것이다.

'동요(動搖)'를 겉으로 드러내지 말라

1967년 10월 8일 제1차 하네다 투쟁으로 개시된 제2차 미·일안
전보장조약 개정저지 투쟁의 큰 물결은 1970년 6월 23일 동조약 개
정일까지 990일간이나 지속되었다. 이 기간 중 6,000회를 초과하는
경비임무를 하였고, 경시청 기동대원 연 12,000명이 중경상을 입었
으며, 사이죠 경부가 순직하는 등 대혼란의 시대였다.

그 동안, 경시청의 경비 제1과장이었던 나는 점점 경순양함 '나토

리' 단정 내의 코바야시, 마츠나가 두 대위가 경험한 것처럼 '모두가 선임장교의 얼굴을 일제히 쳐다보고 있다'라고 하는 상황을 직접 체험하였다.

뭔가 큰 사건, 사고가 일어나면 부하는 전원 지휘관의 얼굴부터 본다. 그때 지휘관은 자기의 얼굴에 공포, 불안, 주저, 낭패 등 마음속의 동요를 나타내지 않도록 자신의 감정을 통제해야 한다.

어느 날 경비 제1과장실(개인사무실)에서 전부터 진행 중인 매우 큰 규모의 경비작전 임무상의 전반적인 지휘를 하고 있을 때, 미국 대사관에 대한 과격파의 게릴라공격이 발생해 수신 중에 있던 경비무전기의 통화가 매우 시끄럽고, 흥분상태로 빠졌다. 당시 경비 제1과는 규모가 큰 과로서 큰 사무실에 200명 가까운 과원들이 근무하고 있었다.

'얼굴을 보이는 것이 좋겠지.'

나는 갑자기 그렇게 생각하여, 개인사무실을 나와 인접한 큰 사무실에 들어가 한복판의 경비실 관리관석에 앉았다.

경비무전기의 수신기는 우왕좌왕, 삑삑, 최대 음량으로 울리고, 경찰전화의 벨은 실내 전체가 시끄럽게 따르릉거리며, 과장대리 경시들, 계장 경부들은 큰 소리를 지르고 화를 내는 등 큰 사무실이 흥분의 도가니에 빠졌다.

이상하게도 내가 그 사무실에 들어갔을 때 나에게 관심을 가진 과원 중에 누군가 '아, 과장님이 오셨다'라고 말을 했는데, 내가 한복판의 데스크에 많은 과원들 쪽을 향하여 털썩 주저앉으니 소란의 소용 돌이는 거친 광란의 바다에 기름을 뿌려 놓은 것처럼 바로 진정되어 조용해졌다. 별도로 내게 사건해결의 묘안이 있을 리 없지만, 모두가 나를 바라보고 있다.

단지 지휘관인 내가 한 것은 조용한 얼굴을 하고 들어가서 정 중앙의 자리에 앉았던 것뿐이다. 시끄럽더라도 일단 발생한 일은 돌이킬 수 없다. 사태의 진전을 보면서 최선이라고 생각되는 방법을 취하는 것 이외에 어떠한 것도 없다. 이러한 냉정함이 나의 마음속에 있고 그것이 솔직하게 과원 전체에게 전달된 것뿐이다.

같은 시기의 어느 날, 경시청 전체가 참가한 대규모 경비회의가 열렸을 때의 일이다.

선배인 츠치다 구니야수(土田國保) 경시청 형사부장으로부터 충고를 받았다. 츠치다 씨는 노동절 소요가 발생했을 때 경비과장으로 재직했던 경험이 있었다.

"삿사군, 5층의 대회실에서 합동경비회의가 열릴 때는 무라가미 겐 공안 총무과장과 옆에 붙어 앉아서 담소하게나. 대화의 소재는 무엇이라도 좋아. 경비과장인 자네와 공안과장 무라가미 씨가 사이가 좋다는 것을 전체 경찰에게 보여주는 것이네. 그렇게 되면 '3층(경비부)과 4층(공안부)은 잘 해 나가는구나'라고 모두가 생각할 것이고, 어떤 일이든 원활하게 일을 진척시킬 수 있을 걸세."

제복을 입고 엄격하게 경비임무를 수행하는 경비부와 정보수사를 담당하며 사복을 착용하고 근무하는 공안부는 업무성격이 전혀 다르므로 조그만 일에도 의사소통이 되지 않고, 연대감이 약해질 염려가 있다. 회의에 출석한 수백 명의 본부, 경찰서, 제복·사복경찰 간부들을 향하여 상석에 앉는 경비, 공안 양부서의 선임과장이 사이좋게 부드러운 담소를 하고 있는 얼굴을 보이는 것은 일치단결의 분위기를 보여주는, 즉 심리적으로 매우 큰 효과가 있다. 재차 강조하지만 얼굴 표정의 관리는 현장지휘관이 몸에 익혀야 할 중요한 요소이다.

상관의 '두 눈'보다 엄격한 '100개의 눈'

현장지휘관은 그 지위에 따라 필요한 예법이나 매너, 형식적 동작을 평소부터 습득해 두어야 한다. 많은 사람이 보는 가운데 어떤 행사나 예식이 요구될 때에도 자신을 갖고 표현할 수 있도록 연마해야 한다. 적어도 사전에 누군가(선배 또는 고참부하)에게 배워서 예습하여 공적인 장소에 나갈 수 있도록 하는 마음가짐이 요망된다.

시상식 때의 상장수여(주는 쪽과 받는 쪽)의 기본동작, 관혼상제에 참가할 때의 기본적이고 상식적인 예법, 예컨대 종교별 장례절차의 기본동작, 의식의 사회 진행, 식사 시 테이블 매너 등 평시에는 신사로서 요구되는 사회상식으로서의 의전, 예법, 매너는 미리 습득해 두어야 한다.

에타지마(구 해군병학교, 현재 해자대 간부후보생학교가 소재하는 일본 해군교육의 요람) 해군병학교에서, 구 해군은 생도들에게 장차 원양항해를 비롯하여 해외에서의 근무나, 국내에서 각계 귀빈, 숙녀와의 교재에 있어서도 기가 죽거나 부끄러움을 갖지 않도록 18,9세부터 신사교육을 시켰다. 이에 따라 승마, 자동차 운전, 그리고 엄격한 예절교육이 진행되었다.

해군병학교의 본관은 영국 해군사관학교 다트머스에 비견되는 산뜻한 양식의 건물이다. 그 중후한 식당에서 디너 테이블 매너 실습이 실시되었다는 것은 유명한 얘기이다. 천정에서 드리워진 화려한 샹들리에의 찬란한 빛 아래, 벽쪽의 맨틀피스(벽난로)에서 장작이 열정적으로 타오르는 하이클래스 분위기 속에서 50명씩 양식 풀코스의 테이블 매너를 몸에 익혔던 것이다.

구 일본육군은 해군의 이러한 귀족취미를 서양 사상에 물들었다고 하여 비판하며 국수주의의 만용을 가진 실질적이고 강건한 육군 장교의 남성적 태도를 숭상했다. 1930년을 전후한 우리들 중학생 시대에는 육군의 중·소위가 배속장교로서 학교에 배속되어 군국주의 교육과 군사교련을 담당했다.

일본의 경영, 인사관리에는 구태의연하게 이전 구 육군식 발상이 잔존하고 있다고 생각하는데, 국제화가 급속히 추진되고 있는 현대에는 구 해군의 장교예절 교육의 가치가 재현되어야 할 것이다.

　현장지휘관은 특히 평시에 일정하게 정해진 양식적 행위, 형식이 존중되는 의식의 주재자로서 중인환시(衆人環視) 속에서 행동하도록 요구된다. 이를테면 사령장 수여, 표창장 전달, 대표자로서 헌화, 경조행사에서 축사나 조사의 낭독, 의식의 진행절차, VIP의 접대수행역, 안내 선도역할 등이 그러한 예이다.

　부하가 몇 명이더라도, 지휘관은 항상 하사관·병으로부터 일거수일투족을 관찰당하고 있다. 그것은 경우에 따라서 상관의 '두 눈'보다 엄격한 부하의 '100개의 눈'이 있는 경우가 많다. 대표적 사례로서 의식절차를 모르고 실수를 하든지, 아니면 만찬석상에서 소리를 내며 수프를 마시는 등 매너가 불량하다든지, 참례자의 실소를 자아낼 정도로 실수를 하게 되면 부하들의 실망과 경멸을 초래할 염려가 있다.

평시에는 'After you'의 정신이 긴요

　현장책임자로서 몇 명 또는 몇 십 명의 부하를 거느리고, 하나의 계, 반, 프로젝트팀, 분대 등 뭐라도 좋은데, 어떤 단위조직의 책임을 지고 있을 때에는, 평시의 예절원칙으로서 'After you'의 정신을 가지고 어떤 것이라도 자신이 마지막으로 하겠다는 자세로 남을 배려하면 대부분 가장 정확하게 해결된다.

자신보다 손윗사람, 고객, 여성, 노인, 어린이, 신체장애자 등 소위 사회적 약자와 손님을 대할 때는 상대를 제일로 대접해야 한다. 예컨대 승용차에 타는 순서와 위치에 관한 매너를 생각해보자.

우측 핸들, 좌측통행의 일본(또는 영국)에서는 승용차의 최상석은 뒷자리 왼쪽이다. 말하자면 상급자를 우선 뒷자리 도어를 열고 안내하여 왼쪽에 앉히고, 의복이나 발을 밟지 않도록 충분히 주의하여 안전을 확인한 후 도어를 닫는다. 구 일본해군의 예절에 따르면 두 번째 서열자는 뒷자리 오른쪽에 안내하여 도어를 열고 앉힌다.

가장 높은 사람을 뒷자리 왼쪽에 앉게 함으로써, 그 사람이 스스로 엉덩이를 들어 오른쪽으로 이동할 것을 기대하여 뒷자리 왼쪽 도어 밖의 도로상에서 기다리고 있는 사람이 있는데, 그것은 예법에 어긋나는 실례되는 태도이다.

왜 엘리베이터에 가장 먼저 타야 하는가?

해군장교로서 함정에서 단정, 아니면 그 반대의 경우 단정에서 함정(모함)에 승하함(선)하는 예법은 해군 군인의 기본수칙이다. 이것은 엘리베이터 승강시에도 통하는 것이다. 즉 흔들리는 단정이나 만약에 떨어질지도 모를 엘리베이터에 VIP, 상관, 손님, 노약자, 여성을 태우는 데에는 'Lady first'나 'After you'를 해서는 안 된다.

　선도 역, 에스코트 역의 현장지휘관 같은 '차실사관'이 '먼저 실례'라고 하며 타보고 안전성을 확인 후, 아니면 필요에 따라서 손을 내밀어 부축 또는 도와줄 수 있는 위치에 서서 엘리베이터의 조작판의 '열림' 버튼을 눌러서 닫히지 않게 한다. 그 다음 VIP나 윗사람 등을 유도하는 것이 '신사'이다. 반대로 단정에서 보다 안전한 대형함선에, 엘리베이터에서 밖으로 이동하는 경우는 'After you'로 바뀐다.

　엘리베이터의 승강은 먼저 타는 경우도 있고 손님에게 양보하는 경우도 있는 등 사회 전반에 걸친 규칙으로서 현장교육이 철저하지 못한 것 같다. 구미를 여행하면 알 수 있는 일이지만, 엘리베이터의 보급이 빨랐던 구미사회에서는 엘리베이터가 어느 층에 정지하면 남성들은 안쪽에 있는 여성들을 먼저 내리게 길을 터주면서 '먼저 내리겠지!'라고 생각해 서서히 그 뒤에서 내리는 모습을 자주 볼 수 있다. 여성이나 노인, 어린이, 윗사람, 손님의 안전을 제일로 생각하는 옛날 '기사도'의 명예가 남아있어서인지 모르겠다.

　어쨌든 탈 것을 오르내리는 데 있어서 선후(先後)의 공통 룰은 '위험'에서 '안전'으로 가는 경우에는 상급자를 우선하는 'After you'를 '안전'에서 '위험'으로 가는 경우에는 자신이 앞장 서서 'Follow me'를 하는 것이 신사도이다.

'5분 전'의 정신이 중요하다

조직사회에서 단체행동을 할 경우 자유시간, 휴식시간을 제외한 시간은 자신만을 위한 것이 아니다. 이는 소대, 반, 계 등 군대에도, 관청에도, 민간 기업에도 해당된다. 집무시간 중, 아니면 작전행동 중의 시간은 조직의 시간이며 구성원이 공유하는 공적(公的) 시간이다. 자신의 방종이나 부주의로 전체의 시간을 헛되게 하는 것은 용납되지 않는다. 특히 지휘관은 다른 사람들의 위에 서는 자로서 스스로 모범을 보이지 않으면 안 된다.

구 일본해군에서는 '5분 전' 정신을 철저하게 군인들에게 주입시켰다. 어떤 일이든 예정시각의 5분 전에는 'Be Ready'가 철칙이었다. 이러한 예절교육을 받은 1920~1930년대의 군인들은 제2차 세계대전 후에 민간인으로 복귀해서도 일상생활 습관으로서 윗사람부터 아랫사람까지 이 '정렬, 5분 전'의 정신을 잊지 않고 시간을 엄수하는 경우가 많았다.

현장 감각 없는 '맨더린(권위주의 고관) 의식'의 문제점

이러한 정신이 왜 중요한가를 가장 높은 수준에서 실례를 들어보자.

좀처럼 없는 일이지만, 만약 수상의 해외 순방 시 수행원으로서 동행하는 경우, 또는 왕의 국민체육대회 행차 시 일행을 수행하는 경우를 가정한다.

중앙관청의 차관, 국장급, 관방부장관 등 통상 공무원의 서열로 말하면, 많은 부하를 거느리는 고위 고관들도 수상이나 왕의 수행원 중 한사람이 되는 경우에는 그 그룹에서는 '차실사관' 격이다. 국회의원들도 마찬가지로 겨우 '차실선임장교'에 지나지 않는다.

이 지위 높은 '차실사관'들에게 '5분 전' 정신이 결여되면 어떤 일이 일어날지 실례를 들어본다.

어느 외국에서 올림픽 경기가 개최되어 개회식에 많은 나라에서 대통령, 수상급의 VIP가 참석했다. 그날 아침 각국 VIP들이 숙박한 초고층 호텔에서는 아침 8시 30분경 출발시각이 되자 엘리베이터 기능이 마비되었다. 각 층에 흩어져 투숙한 각국 VIP의 경호원들, 대사관의 의전담당 외교관, 수행비서관 등의 '차실사관'들과 그들을 관리하는 현장지휘관인 공사 등이 모두 자신들의 보스를 위하여 엘리베이터를 정지, 대기시켜 버렸기 때문이다. 정문 현관 앞의 주차장소 확보, 출발순서 경쟁도 대단하였다.

인간은 모두 머릿속에 T(시각)·P(장소)·O(상황)에 따라 자신의 위치를 인식하는 좌표축을 갖고 있어야 한다. 자신이 소속하는 부처에서는 VIP이더라도, 수상 수행원의 일행이 되면 당연히 지위는 낮아진다.

그것을 착각하여 모닝콜이나 조식 안내뿐만 아니라 출발을 위하여 방을 나서는 시각조차도 전부 가만히 있어도 아랫사람이 보살펴 주겠지 하는 '맨더린 의식'으로 버티고 있으면 차량행렬에 늦어버리고 만다.

1층 정문 현관 출발시각이 8시 30분이었다고 하자. 자신이 주인공이라 생각하여 출영 담당계원이 도어를 노크할 것을 기다리고 있으나 아무도 오지 않는다. 모두 수상이나 국무위원들을 뒷치닥거리하느라 바쁘게 뛰고 있어 차관, 국장급 등은 생각지도 못하기 때문이다.

"출발을 알리려고도 오지 않는다. 현지 출장지의 사람들은 보이지도 않는다. 의전이고 후속지원이고 없다." 하면서 방을 나와 엘리베이터 쪽으로 갔지만, 기다리고 기다려도 엘리베이터는 올라오지 않는다. 상층 쪽으로 내려오겠지 하고 생각했으나, VIP를 태운 엘리베이터는 1층으로 직행해 버린다. 모처럼 정지한 엘리베이터에는 각국 수행원들로 만원이다. 30층, 40층 정도가 되면 계단을 걸어 내려올 수도 없다.

따라서 각자가 프론트에 7시 모닝콜을 부탁하여 조식도 자신이 해결하고, 1층 정문 현관에 서는 시간을 '5분 전'인 8시 25분으로 설정하고, 그때부터 역산하여 빨리 행동해야 한다. 엘리베이터가 아직 만원이 되지 않은 8시 15분에 밑으로 내려간다는 마음가짐이 필요하다.

'5분 전의 5분 전의 5분 전'

왜 '5분 전'이냐고 하면, 고급 '차실사관'은 자동차 열의 승차 구분
이 보통의 국내 행사이면 1, 2호차이지만, 수상을 수행하여 자신의
좌표가 쭉 밑으로 내려갔을 때는 7호차, 8호차가 되는 경우도 있다.
수상이 현관에 나타나는 것을 보고 걸어서 후방 7호차로 가는 것은
시간적으로 맞지 않는다. 수상은 바로 현관 앞의 1호차에 타면 되지
만, 수행원은 빨리 걷거나 뛰어서 차열의 후방에서 대기하고 있는 자
신에게 지정된 승용차에 타야 한다.

큰 행사 때 고급 '차실사관'의 차량행렬을 놓친다든지, 숙박호텔방
에 그대로 있다든지 또는 국제행사 회의장에서 장소를 못 찾는다든
지 등등 가야 할 장소를 찾지 못하는 것은 바로 '5분 정신'이 결여된
데 원인이 있다.

외국의 경우 제 갈 길을 못 찾고 남겨진 준VIP들은 말도 통하지 않
고, 지역의 경찰이나 회의관계자에게 궁상을 떨어도 상대하지 않고,
택시도 타지 않는다. 후에 사람 수를 세어보니 부족한 것을 눈치 챈
현지 대사관 직원이나 비서 등이 찾으러 돌아오고, 공포 속에 빠진
준VIP는 화를 냄으로써, 인간관계 및 신뢰관계가 현저하게 악화되
는 결과를 초래한다.

특히 현장의 후방지원(행정지원)이나 의전에 관계하는 각급 지휘관

들은 수행자들을 배려하여, '정렬 5분 전' 정신을 일보 앞당겨 '5분 전의 5분 전'(더 하급자의 경우 낮은 만큼 '5분 전의 5분 전의 5분 전')에는 '자, 언제라도 간다'라고 제반준비에 만전을 기하고 정돈된 태세로 여유를 가지고 임한다는 마음가짐이 중요하다.

그렇기 때문에 다른 사람보다 일찍 일어나 세면과 화장실 사용, 조식을 끝낸다. 그리고 현장에 먼저 가서 상황을 장악하고, 예비조사를 하며, 현장에 배치된 부하들을 점검하고, 최종 지시를 내리며, 배치가 잘 되었는가를 확인한다. 또한 통신시스템이 바르게 작동하는지를 테스트하는 등 실수가 없도록 배려해야 한다.

준VIP의 인사들에 대해서는 '실례하지만'이라고 하며 예의를 잊지 않도록 하고, 이미 말한 수행자의 수칙을 약식 보고하여 간단히 전달하는 등 후방지원에 있어 착오를 하지 않도록 하는 친절한 배려가 중요하다.

어디에도 있는 '천연현상거사(天然現像居士)'

방위대학교 졸업식에서 실제로 이런 일이 있었다. 제반 행사를 완벽하게 끝낸 뒤, 미리 결정된 탑승 구분에 따라서 육상자위대 대형헬리콥터 2대가 착착 오바라다이(요코스카시 방위대학교 소재지)의 방위대학교 헬기 이착륙장을 발진하였다.

1번기는 물론 당시 수상이 타고 있었다. 동경과 요코스카 사이는 러시아워에는 교통체증이 심하여 교통규제를 하게 되면 일반 운전자들에게 폐를 끼치게 된다. 교통체증 때문에 차량 행렬이 지연되면 졸업식 행사에 지장을 주므로, VIP는 항공교통을 이용하게 된 것이다.

수행원들이 탄 2번기도 무사히 발진하는 것을 보고 시원한 기분으로 방위대학교 교사에 들어오니 정부 다른 부처에서 온 국장이 기분 나쁜 표정으로 응접실에 있었다. 헬기 2번기로 함께 귀경하게 되었는데 '어찌해서?'라고 물어보니, '쭉 기다리고 있었는데 아무도 말해 주지 않았기 때문에'라는 것이었다.

자신의 좌표축이 흔들리게 되더라도, 태연자약하게 세상만사를 묵묵히 기다리는 '천연현상거사(天然現像居士)', 즉 하나에서 열까지 부하가 전부 보살펴 주어야만 한다고 믿고 있는 간부라는 사람들은 어디에나 있다. 아마 이 사람은 아침에 자택에서 일어나 창문을 여는 것도, 조식의 식탁에 조간신문을 두는 것도, 구두를 닦는 것도 전부 '천연현상'이라고 생각하는 '천연현상거사'일 것이다.

『해군차실사관수칙』의 '함내생활 일반수칙'은 다음과 같은 한줄의 간결한 표현으로, 이 '5분 전' 정신의 중요성을 설명하고 있다. "제반 정렬에서 미리 알고 있는 차실사관은 하사관·병보다 먼저 그 장소에 가 있어야 한다."

차실사관은 상관보다 빨리 가 있어야 하는 것은 말할 나위도 없다.

인간은 누구든지 자신의 인생목표를 가지고 살아가고 있다. 그러나 '뭔가 되고 싶다'를 목적으로 살아가면 종종 타락하는 경우가 있다. 과거 어느 부처의 차관을 목전에 둔 국장으로서, 당시 장관이나 파벌의 우두머리, 선배 전임자들에게 "3일만이라도 좋으니 차관을 하게 해주십시오."라고 간청하며 돌아다녔다고 소문난 사람이 있었다. 자신의 염원처럼 차관이 되었지만 그는 정말 그가 원한 바대로, 3일째 되는 날 뇌출혈로 쓰러졌다. 부하들은 "신은 확실히 존재하는군, 원한 만큼 3일간이었다."라고 험담을 하였다.

지금까지 거론한 '천연현상거사'들은 그 대부분이 '뭔가 되고 싶다'로 살아온 인물로 생각할 수 있다. 그러나 이렇게 살아온 사람은 그 목적이 달성된 순간, 매미가 껍질을 벗고 난 다음 얼마 안 가서 죽는 것처럼 금방 끝나고 만다. 반면 '뭔가를 하고 싶다'를 모토로 탄력적으로 살아가는 사람이 있다. 이러한 인물은 어디에서나 활력으로 충만되어 있다.

예컨대 요네나가 구니오(米長邦雄)라는 장기의 고수는 일곱 번의 도전으로, 사상 최고 연장자인 50세에 명인(名人)을 차지한 인물이지만, 젊어서부터 그는 "그 시대 최고 기사(棋士)가 노리는 수(手)의 의미를 확실히 이해할 수 있는 기사가 되고 싶다."라고 입버릇처럼 말했다.

확실히 명인위(名人位)도 큰 목표였을 것이다. 그러나 그것은 자신이 통과하는 목표들 중의 하나에 지나지 않는 것임에 틀림없다. 그 때문인지 천재인 하부 요시하루(羽生善治) 새 명인에게 명인위를 빼앗

긴 오늘날 그는 모리시타 다구, 사토 야스미츠라고 하는 젊은 준재들을 찾아, 그들을 스승으로 밤낮 정열적으로 연구에 몰두하고 있다. 이는 사제관계와 장유(長幼)의 서열을 극단적으로 존중하는 장기계에서 매우 이례적인 일이지만 '상쾌한 흐름'이라고 불리는 요네나가 씨에게 어울리는 결단인 셈이다.

몸가짐은 산뜻하고 깨끗하게

구 일본해군은 몸가짐에 대하여 매우 엄격했던 것으로 유명하다. 특히 단정한 복장, 신변의 정리정돈, 신체의 청결함 등에서 매우 엄격하였다. 좁은 군함 안에서 장기간 공동생활을 하므로 다른 사람에게 폐를 끼치지 않도록 상호간의 청결 유지가 요구되는 것은 당연하다.

불결하면 전염병이나 피부병 등 공동생활의 무서운 적이 만연하고, 상호간에 불쾌감, 혐오감을 갖게 되어 막상 해전에 임했을 때 필요한 연대의식도 건전하게 육성되지 않을 것이다. 머리도 감지 않는 불결한 장발, 더러운 콧수염, 시커먼 때가 낀 깎지 않은 손톱, 치주병이나 이를 닦지 않아 나는 불쾌한 입냄새, 샤워나 목욕을 자주 하지 않아서 나는 체취, 땀내 절은 내의나 양말, 때로 찌들은 시커먼 와이셔츠 등의 단정하지 못한 남자들만이 기거하는 함정내 생활이 뜨거운 태양 아래의 바다 위에서 몇 달이고 계속되는 것은 상상만 해도 악취가 진동하는 불쾌감이 떠오른다.

'옷과 청결'을 주제로 하는 구 해군의 예절교육은 극단적으로 불결이나 악취를 싫어하는 현대 젊은이들 사회에서도 그대로 통용될 수 있다. 『해군차실사관수칙』은 청년장교에게 '청결·단정'을 엄격히 요구하고 있다.

"복장은 단정하게 하라. 더러운 작업을 할 경우 외에는, 특히 청결 단정하게 옷을 입어라. 모자가 비뚤어져 있거나, 깃이 갖추어지지 않은 채 튀어나와 있거나, 양말이 축 늘어져 밑으로 내려왔거나, 쭈글쭈글하게 주름이 진 옷을 입고 있다면 어쨌든 단정하지 못하게 보인다. 또한 그런 사람의 인격을 의심하게 된다."(기타 일반에서)

"양말을 신지 않고 구두를 신거나, 바지 뒷주머니의 단추가 붙어 있지 않거나, 아니면 불결하거나, 속옷을 입지 않고 맨살에 하복 및 작업복을 입어서는 안 된다."(上同)

"첫눈에 보이는 깃이나 소매의 더러움에 주의하라. 또 소매 밑으로 셔츠가 나오는 것도 경계하라."(上同)

"여러분의 용모가 단정하지 못한 경우 군인의 태도가 완전할 수 없으므로, 여러분은 우선 스스로 반성하여 자기에게 결점이 없도록 고찰하라."(부하에 대한 수칙 열 가지)

"차실 내에서, 특히 다수의 사람이 함께 있는 곳은 어지럽혀질 가능성이 크다. 중요한 서류가 보이지 않는다고, 또는 모자가 없어졌다고 소리치는 일이 일어나지 않도록 하는 마음가짐을 항상 갖지 않으면 안 된다. 자신이 다른 곳에 두고는 당번에게 화를 낸다든지 다른 사람을 불쾌하게 하지 않도록 신중해야 한다."(차실의 생활에 관하여)

"더울 때, 사무실 내에서 업무를 하는 경우, 상의를 벗는 정도는 어느 정도 이해하지만, 셔츠까지 벗는 것은 예법이 아니다."(上同)

"식사시에는 반드시 군복을 착용해야 한다. 작업복을 입은 채로 식탁에 앉아서는 안 된다. 바쁠 때에는 상의만이라도 군복으로 갈아입고 식사를 해야 한다."(上同)

더러운 상관은 혐오받는다

그러면 부하는 불결한 상관을 어떻게 볼까?

- 복장이 야무지지 않다 (2건)
- 단정하지 못하다 (2건)
- 불결한 복장, 난잡한 책상 (2건)
- 치아(齒牙) 손질이 불량 (1건)

으로 합계 7건이 몸가짐에 관하여 개선을 요망하고 있다. 전후의 황폐함으로부터 아직 일본이 재건되지 않았던 시기에 국철(國鐵) 역에서 진주군으로 불리던 일본점령 미군의 위생반이 살충제 DDT 분사기를 휴대하고 대기하며 전차에서 내리는 남녀노소 승객을 맞아

한 사람씩 머리에서부터 목의 깃, 가슴에 이르기까지 하얀 DDT 분말을 분사하던 시대의 이야기이다.

발진티푸스 예방을 위하여 '이'를 퇴치하는 공중위생 조치를 했지만 국민 대부분이 몸에 이를 지니고 있었으며, 모두가 국민복과 군복에 전투모, 여성은 몸뻬라는 옷을 입고 불결과 가난의 밑바닥에 있던 1951년 당시 순사부장의 의식조사에서 상관의 신변이 단정하지 못한 것, 불결한 것을 비판하는 소리가 7건이나 나왔다는 것은 주목할 만하다.

부하들은 청년사관, 아니면 여기에 상당하는 기업, 관청 등의 간부 후보생들에게 '이 분이 우리의 상관이다'라고 제3자에게 자랑할 만한 멋진 외관, 단정한 자세, 청결한 몸가짐을 마음속 어딘가에서 기대하고 있는 것이다. 『해군차실사관수칙』은 공동생활 장소인 군함 안에서 정리정돈, 단정, 청결을 강력하게 요구하지만, 생각해보면 현대의 도시생활은 옛날의 군함 생활과 닮은 점이 있고, 젊은이들의 청결 지향은 신경질에 가까울 정도로까지 점차 강화되고 있다.

밀폐되어 통제된 빌딩 속에서의 봉급자 생활, 만원의 지하철, 버스 통근, 영화관, 레스토랑 등 도시의 생활환경은 공동생활을 하고 있는 시민으로서 타인에게 폐를 끼치지 않는 몸가짐을 요구한다. 특히 젊은 여성을 부하로 두고 있으면 그 여성들이 얼마나 '청결'에 신경을 쓰는지 알 수 있을 것이다.

그녀들은 매일 아침, 머리를 감는 습관을 가지고 있으며, 비듬을 어깨에 뿌리고 있는 중년 남성을 경멸하고, 입냄새를 극도로 싫어하며, 하루에 몇 번이고 양치질을 하고, 리스테린, 몬타민 등 제거제나 방향제, 제한제(制汗劑) 등 악취제거 상품을 애용하고 있다. 더욱이 최근에는 식후에 한 알만 먹어도 대변이나 방귀 냄새가 제거되는 소취식품(消臭食品)이 날개 돋친 듯 팔린다고 한다. 이렇듯 청결을 지향하는 세대는 지금 그 정도의 단계까지 신경을 쓰고 있다.

제2장 · 상관과 부하의 실천적 인간학

– 어떻게 하면 집단내에 강한 연대감이 육성될까? –

⑴ 신뢰를 얻기 위한 제일보

지덕체(智德體)의 균형

자신의 부하보다도 체격, 체력, 지구력이 우수한 지휘관의 경우 특히 천성적으로 타고난 것이라면 그 지휘관은 매우 큰 은혜를 받은 사람이다. 왜냐하면 체력적으로 우월한 것은 태고부터 부하에게 거의 무조건적인 본능적 복종심을 불러일으키기 때문이다.

내가 말하는 우수한 체력은 근력, 물리적 완력만이 아니라, 장시간의 스트레스에 견디고, 짧은 수면 시간에도 불구하고 집무할 수 있는 지구력이나, 아픔을 모르는 무쇠와 같은 건강 등 광의의 체력을 말한다. 그러나 훌륭한 지휘관은 자신의 체력이 우수하다고 하여, 자신보다 체력적으로 열세한 부하를 경멸한다든지, 괴롭힌다든지, '저 친구는 안 돼'라고 단정하여 열등감을 느끼게 해서는 결코 안 된다. 바꾸어 말하면 체력적으로 약한 부하를 바보 취급하는 것 같은 태도를 취하면 체력이 우수하다는 이점은 오히려 지휘관으로서 손해가 된다.

부하가 슈퍼맨처럼 건장한 지휘관에게 외경의 관념을 갖고 신뢰감을 가지는 것은 지휘관이 열차를 이끌고 가는 기관차의 역할을 해냄으로써 가능한 것이지, 그가 약자를 유린하여 휘감는 탱크와 같이 행동할 때에는 반대로 부하의 반감을 산다. 지휘관이 약한 사람들의 내제된 고민이나, 굴절된 번뇌에 대하여 이해하지 못하고, 무신경하게 되면 그때부터 그는 지휘관으로서의 지위를 상실하게 될 것이다.

건강한 지휘관은 그 점에 유의하여 다른 사람의 입장에서 생각하는, 소위 감정이입(感情移入)이 가능하고, 마음의 근저에 있는 정리(情理)를 겸비한 '지덕체(智德體)'의 균형이 잡힌 리더가 되는 것이 바람직하다.

상관에게 필요한 우월성

제1차 세계대전에 독일 해군의 잠수함 함장으로 참전한 체험을 기록한 『U38 독일 잠수함장의 수기』를 출판하여, 제2차 세계대전 중 독일에서 60만부를 판매한 베스트셀러 작가 M. 봐렌티넬 독일 해군 소령은 장교의 체력적 우월이 가져다주는 부하의 신뢰에 관하여 이 저서에서 언급하고 있다.

그의 잠수함 U38호가 지중해에서 작전 수행 중, 어망이 스크루에 감겨 항해불능이 되었다. 몇 명의 승조원이 잠수하여 어망 제거를 시도했으나 실패하고, 마지막으로 함장인 자신이 뛰어들어 2분간의 잠수로 숨을 참으며 어망의 제거에 성공하였던 것이다. 그는 당시 상황을 다음과 같이 회상하였다.

"갑판에 올라가니, 부하들 모두가 경탄의 눈으로 나를 보았다. 이

순간부터 즉 이 사소한 사건 이후, 나는 명실 공히 최초로 지휘관이
되었던 것이다. 장교로서의 우월성은 주로 정신이나 지적인 것에 있
다고 생각한다. 정신적 우월성이란 주로 부하들은 처음부터 그 상관
에 대하여 전제조건으로 인정하는 것이다. 그러나 지금 만일 그 상관
이 육체적으로도 우월하다는 것을 부하들이 알게 된다면 그들은 상
관에 대한 염려가 사라지고 오히려 상관에게 마음을 터놓고 친밀하
게 접근하여 오는 것이다. 부하들의 나에 대한 신뢰는 그 후 점점 강
화되었다. 사람들은 웃을지 몰라도, 그들은 나와 함께 U38호에 승조
하고 있으면 어떤 사고도 일어나지 않는다고 믿게 되었다. 부하들은
'함장은 악마의 친구이다'라고 말하곤 했다."

조심조심해서는 사람들을 움직일 수 없다

옛날 구식 교육제도에는 중학교 이상의 학교에서 군사교련을 담
당하는 배속장교라고 하는 교관이 있었다. 구 일본 육군장교 전역자
로서 군사교련이나 체력 검정, 수련 등을 담당하던 사람들은 학생들
로부터 경원시되었다. 군사교련 중의 한 과목으로 '호령조정'이라는
것이 있었다.

넓은 교련장에서 200~300미터 떨어진 저편에 학생들이 정열되
어 있었으며, 교대로 소대장역이 된 학생이 배속장교의 지시에 따라,

멀리서 '소대 앞으로 가!' '소대 정지!' '우향 우!' '뒤로 돌아!' 등의 호령을 걸어 부대를 움직이게 하는 과목이다. 요컨대 큰소리를 내는 훈련인 것이다.

목소리가 작으면, 반대편의 멀리 있는 부대에는 들리지 않으므로 움직이지 않는다. 또 '예령'과 '동령' 예컨대 '우향(예령) 우(동령)!' 등의 타이밍이 좋지 않고, 성급하게 호령을 내리면 거리가 먼 경우에는 부대가 혼란스럽게 된다. 부끄러워하거나, 수줍어하는 사람들은 큰소리를 내지 못하고 입속에서 중얼거리기도 한다. 그러나 확실히 큰소리로 말할 수 없는 사람은 현장지휘관의 적격성을 갖추지 못한 사람이다.

육군의 경우 전장에서 호령을 질러 부하를 지휘하지 않으면 안 되었는데, 해군도 광풍 속에서 또한 거친 파도가 갑판을 씻어가는 상황에서 큰 목소리를 질러 지시명령을 전달하지 않으면 안 된다. 그러므로 현장지휘관의 적격성 중의 한 가지는 목소리가 큰 것이다.

1991년 걸프전쟁이 발발한 후 일본은 돈과 물질적 지원을 통하여 시종일관 국제사회에 공헌했으나 인적 참가에 의한 PKO, 난민구제, 인도적 지원 등이 저조하여 국제적 비판을 받을 수밖에 없었다.

여기서 1991년 4월 하야시 겐타로 전 동경대학 총장, 세키요시 히코 전 와세다 대학 교수, 시이나 모토 참의원, 니다니 히데아키 영화배우협회장, 각본가 오사나이 미에코 씨를 포함하여 뜻있는 다수들이 약칭 'JIRAC(일본국제구원행동위원회)'를 조직하고, 이데올로기, 정당,

종교 일체를 초월한 학생, 사회인 연합의 인도지원, NGO 활동을 실시했다.

깨끗한 돈을 모으고, 우정성 자원봉사자들의 예금 할당이나 외무성의 일부 자금의 도움을 받는 등 민관합동의 기치를 내걸면서 상대국의 정부 기관을 경유하지 않고 직접 난민이나 노인, 고아, 신체장애자 등의 사회적 약자에게 식량, 의류, 의약품 등을 전달하는 국제인도지원 활동을 전개하였다.

1994년까지 쿠르드 난민지원(1991년), 캄보디아 난민수송지원(1992년 2회), 캄보디아 프놈펜 초등학교 건설지원(1993년 4회), 시베리아 블라디보스토크 하바롭스크 양로원·고아원 지원 등 대 러시아 인도지원(1992년 2회, 1994년 1회), 유고슬라비아 자그레브 의료지원(1994년) 등의 활동을 계속하여 원조 총액 약 1억 엔, 참가학생·사회인 자원봉사자 연인원 약 300명, 원조물자 총량 77톤, 원조대상인원 쿠르드족 약 6,000명, 캄보디아 난민 약 1만 명, 극동러시아 노인·고아 등 약 5,000명이라는 NGO 활동을 기록했다.

목소리의 크기를 논하고 있는 도중에 왜 NGO 활동을 언급하는지에 관하여 말하자면, 뜨거운 염천, 캄보디아, 혹한의 시베리아 등에서 청년남녀 JIRAC대원 수십 명과 더불어 현장작업을 실시할 때, 반장급으로 임명한 '차실사관'들의 목소리가 너무 작다는 사실에 신경이 쓰였기 때문이다. 동료 간에 큰소리로 정보를 전달하고, 지시하는 것이 익숙하지 않았다. 그래도 오래 계속하고 있는 동안에 큰소리를 내게 되므로 전혀 불가능한 것은 아니다. 물론 '호령조정' 등을 익힌 것도 아니고, 현장지휘관의 임무도 태어나서 처음이며, 그때까지 한 번도 만난 적이 없는 다른 대학의 학생이나 선배격인 사회인을 명령 하는 일이 부끄러운지, 처음에는 목소리가 나오지 않는다.

앞으로 일본의 청년교육과정 중 어디에선가, 즉 고등학교나 대학 교육의 장에서나, 사회인 초년병의 각 기업 연수의 장에서나, 어디에 서도 좋으니 큰소리로 말하는 훈련, 현장에서 목소리를 내어 사람을 움직이게 하는 연습, 그리고 가능하면 과거와 같은 '호령조정' 훈련 을 청년들에게 시켜야 하지 않을까 생각한다.

요컨대 요즘 젊은이들은 사람들 앞에서 우물쭈물 중얼거리고 있 다. 우물쭈물 하는 사람은 타인을 움직이게 할 수 없다.

⑵ 인간학 – 인간의 본능·본성을 안다

인간학(人間學) 없이는 리더의 자격이 없다

중간관리직인 '차실사관'은 다른 사람으로부터 지휘를 받고, 다른 사람을 지휘하는 입장에 있다. 즉 위로부터 명령을 받고, 이를 밑으로 부하에게 전달하는 역할이다. 엄중한 규율 유지를 위로부터 명령받는 동시에 현장에서 일하는 하급자의 불평불만과 개선의 요구를 상부에 요청하는 만만치 않은 임무이다. 이러한 입장에 있는 소대장급의 지휘관이 인간의 기분을 이해하지 못하는, 예컨대 '살아 있는 법규집' 같다면 조직이 원활하게 운용될 수 있을까?

현장지휘관인 중간관리직은 '인간학'을 배우고 실천하기 위하여 노력하지 않으면 안 된다. 예로부터 동서양을 막론하고 명장(名將)이라고 불리는 자는 (이를테면 알렉산더 대왕, 한니발, 나폴레옹 등) 모두 '인간학'의 태두이며, 실천심리학자였다.

그렇다면 훌륭한 현장지휘관이 되기 위한 필수요건인 '인간학'을 배우기 위해서는 구체적으로 어떻게 하면 좋을까?

'인간학' 입문의 How to가 되는 구체적인 단서를 몇 가지 들어본다.

우선 부하의 얼굴과 이름을 기억하라

조직의 중간관리자층에 해당되는 중간관리직이라면 직속상관 또는 그 위의 상관의 이름도 얼굴도 모르는 자는 없을 것이다.

직책이 바뀌어 새로운 직장의 새로운 인간관계에 놓이게 될 때 사람들이 우선적으로 신경 쓰는 것이 '새로운 상관의 이름은 무엇이고, 어떤 사람이며, 어떤 경력의 소유자이며, 뭘 좋아하고 뭘 싫어하며, 취미는…'이라고 하는 소위 보스의 인적 사항이다. 사회적 동물인 인간의 가장 본능적인 정보 요구는 직속상관의 '인간성 연구'이다.

그 다음으로 '동계열·동급의 동료들 이름과 얼굴'을 알기위하여 사무실 내를 인사차 돌게 된다. 이윽고 계장이라면 계원, 팀 리더라면 팀 멤버, 소대장이라면 분대장이나 대원이라는 부하들을 모아두고 부임인사를 하고, 자기소개를 한 다음 부하들의 이름과 얼굴을 기억하려는 노력을 개시한다.

조직인의 본성으로서 인간관계에의 관심의 우선순위가 상관 → 동료 → 부하로 되는 것은 당연하다. 그러나 이 3순위인 부하의 이름과 얼굴을 빨리, 열심히, 정확하게 기억하는 것이 그때부터 이 중간관리자의 통솔력, 지도력을 크게 좌우하는 것임을 잊어서는 안 된다.

"선비(남자, 무사)는 자기를 알아주는 사람을 위하여 죽는다."라는 말이 있다. '자기를 알아주는 사람'이란, 우선 자기의 이름과 얼굴을 기억해주는 것에서부터 출발한다.

예컨대 부임한 지 얼마 되지 않은 상관에게 갑자기 지명을 받아 "야마타로 군, 자네에게 이 일을 부탁하네!"라는 얘기를 들으면 "벌써 내 이름과 얼굴을 기억하고 있나?"라고 생각하며, '이분을 위해서라면 한 번 해보자'라는 각오를 하며 부하의 사기가 고양될 것이다. 반면에 일주일이 지나도 부하의 얼굴과 이름을 기억하지 못하고, "어이! 그쪽 안경, 그래 자네 말이야, 자제가 이것을 하게." "거기 풍풍한 친구, 자네 이름이 뭐였더라? 그래, 그래 다나카 군, 자네가 이 일을 해주게." 등등 이렇게 해서는 부하들은 큰 실망을 하게 되고 사기는 저하될 것이 뻔하다.

특히 위기관리 상황에서, 부하에게 3D 임무를 부여할 때는 "OO 군, 자네에게 이 임무를 부탁한다. 이처럼 어려운 임무를 완수할 사람은 자네 외에는 없다고 생각하네."라고 '간절히 부탁'하는 방법으로 이름을 부르며 인간의 의기를 느끼게 하지 않으면 안 된다.

과거 '다나카 가쿠에이' 일본 수상은 이러한 미묘한 인간심리를 잘 활용한 '인간학'의 태두였다. 다나카 수상은 눈앞에 있는 상대방의 이름이 생각나지 않으면 "자네 이름이 뭐라고 했던가?"라고 묻는다. 그러면 상대는 "나는 야마타입니다."라고 대답하면 "자네가 야마타 군이라는 것은 알고 있어요. 내가 물은 것은 성이 아니라 자네의 그 다음 이름, 야마타 OO 군이었던가?"라면서 교묘하게 상대의 성을 알아내고서, 상대에게 자신을 기억해 주고 있다는, 좋은 인상을 주는 테크닉을 몸에 지니고 있었다.

자민당의 당인맥 지도자들은 다나카 수상뿐만 아니라 이러한 방법을 쓰는 사람이 많았다.

로마의 명장 '스키피오'의 알려고 하는 노력

포에니 전쟁의 명장 한니발은 원래 용병으로 돈을 받고 움직이는 누미비아 기병 등 부하 장병의 절대적인 심복을 얻고 있었다.

당시 공화제시대의 로마군은 한니발과 싸우면 연전연패하였다. "시민군인 로마군이 왜 용병의 카르타고 군(軍)에게 이기지 못하는가?"라는 의문을 품은 로마의 명장 스키피오는 진지하게 생각했다고 한다. 뒤에 스키피오는 한니발을 이기고 카르타고를 멸망시키게 된다.

초대작 역사이야기 『로마인 이야기』의 저자 시오노 나나미 씨는 그의 저서 『이탈리아 遺聞』속에서 카르타고군의 강함을 한니발과 용병들 간의 정신적인 결속에 있었다고 보고 있다. 로마군의 지휘관은 관료적으로 병사 한 사람 한 사람과 지휘관의 관계 등 누구도 진지하게 생각한 적이 없었으며, 병사들이 당연히 용감하게 싸울 것이라고 생각하였다.

이에 비하여 한니발은 병사들과 더불어 싸우고, 먹고, 야숙(野宿)하면서, 작전은 일일이 가르치지 않았지만 패전하더라도 반드시 살아 나갈 수 있는 길을 고려하여 두었고, 전사하거나 부상한 병사들의 유족에게는 풍족한 보상과 보호를 해주었다.

스키피오는 이러한 한니발의 처신을 완전히 모방하기로 결심하고 로마군을 조금씩 강화시켜 나갔다. 그리고 마침내 자마에서 한니발을 쳐부수었던 것이다.

시오노 씨는 "스키피오 아프리카누스는 고대 세계의 패권을 결정한 포에니 전쟁의 영웅으로서 모르는 사람이 없을 만큼 유명했지만, 그가 수만 명에 달하는 휘하 병사들의 이름과 얼굴과 가족환경을 전부 기억하였던 사실은 별로 아는 사람이 없다."라고 설명하고 있다.

이틀에 104명의 얼굴을 기억할 수 있다

1960년 6월, 나는 경시청 공안부 외사 제1계장(소련 및 구미 담당)으로 부임하였다.

계급은 경시. 당시 경시청은 큰 과제를 안고 있었으므로 직책은 계장이었으나 부하는 주임경부 2명 이하 104명으로, 지금으로 말하면 경시관리관 또는 과장대리에 해당된다.

제2차 세계대전 후 경찰 3급직(현, 上級職)이 경시청 본청의 계장에 배치된 것은 처음이었다. 가나자와 아키오(후에 경찰청장관) 씨가 인사과, 가마쿠라 사다메(後에 경시총감) 씨가 수사 제2과, 내가 외사과로 이상 3명이 개척자였다.

전부터 있었던 제1차 미·일안전보장조약 반대 투쟁이 전국적으로 전개되고 있던 어지러운 시기로, 특히 동경은 국회 주변에서 연일 데모에 휘말려 동경대생 간바 미치코 압사 사건이나 전학련(全學連) 국회돌입 점거 사건 등이 계속 일어나는 위기의 시대였다.

인사과나 수사2과의 근무는 몰라도, 경시청 공안부는 경비부와 더불어 이 대사건에 대한 경비임무의 와중에서 외사과의 사복부대도 기동대에 동행하여 정보수집과 현장 검거활동을 위하여 밤낮으로 국회 주변에 출동하였다.

나도 외사과 사복중대의 중대장으로서 국립극장 건설 예정지나 국회 남쪽 출입구 부근에 출동하여 투석을 맞고 지내는 하루하루였다.

현장지휘관으로서 우선해야 할 일은 104명의 부하이름과 얼굴을 기억하는 것이다. 거친 현장에서 공안부 외의 과원과 자신의 부하를 구분해야만 중대장의 임무가 가능하다. 자신의 부하가 투석으로 부상을 당했는 데도 중대장이 명랑한 얼굴을 하고 있다면 일거에 부하의 신뢰를 잃게 될 것이다.

따라서 나는 부하의 인사기록을 발췌하여 부임 후 48시간 이내에 104명 전원의 이름과 얼굴을 영어단어를 외우는 요령으로 암기하고 눈을 부릅뜨고 얼굴과 이름을 뇌리에서 일치시키려고 노력하였다.

부하의 도전

며칠 후, 경시청 '야요이 료'라는 공제조합의 한 장소에서 나의 환영만찬회가 열렸다. 그 술자리의 여흥시간에 나에게 아직 친숙하지 않은 전혀 생소한 과원이 도전하여 왔다.

"계장님 동경대 출신이죠? 영어도 유창하겠지요. 그래 얼마나 머리가 좋은지 볼까요. 우리들 전원의 이름을 말할 수 있어요?"

"말할 수 있지요." 나는 빙긋이 웃으며 맞은편의 오른쪽에서부터 왼쪽으로 옮겨가며 그들의 계급과 성명을 읊어 나갔다. 사실 이런 일은 전임지에서도 겪어봤던 터이다.

경탄의 술렁거림이 일어났고, 처음에는 '할 수 있을까?' 하던 그들의 얼굴에서 점점 웃음이 사라져 갔다. 그런데 어찌된 일인지 한 사람만의 이름이 떠오르지 않았다. 본인은 왠지 자기 이름만은 반드시 외우고 있을 것이라고 자신만만한 표정으로 얼굴을 앞으로 내밀고 있다. 주임경부가 웃으면서 말한다.

"계장, 이 친구의 얼굴은 절대 외고 있을 겁니다. 얼굴을 잘 보세요." 일동이 무릎을 치며 웃음을 터뜨렸다. 나는 점점 초조해지며 그의 이름을 상기시켜보았으나 도저히 생각이 나지 않았다. "음, 안되겠다. 누구지?" "H입니다. 계장이 취임하던 그날 계장으로부터 경고에 해당하는 징계명령서를 교부 받은 H입니다. 가장 먼저 외울 것으로 알았는데."라고 주임경부가 말했다.

　그렇다. 경찰수첩을 분실했기 때문에 부임 벽두 최초의 업무로 징계명령서를 교부하였던 H였다. 그 후에 화장실에 갔을 때 옆에 서있던 H순사가 "실망했습니다. 내 이름만은 기억하실 줄로 생각했습니다."라고 하였다.

　"나는 나쁜 일로는 부하의 이름과 얼굴을 기억하지 않는다. 애석하다면 뭔가 활약을 하여 좋은 일로 나에게 자네 이름을 기억할 수 있도록 해주게."라고 말해주었다. 이후로 H군과는 오랫동안 교류를 해왔다.

　특히 잊을 수 없는 것은 제1차 반안보(反安保) 투쟁의 여진이 남아있던 국회 주변에서 데모 경비를 하고 있던 때, 한여름의 뜨거운 태양 아래서 H군을 전령으로 데모대 속에 파견하여 상황을 관찰했던 당시의 일이었다.

　너무 더워서 H군은 상의를 벗어 어깨에 걸치고 내 뒤를 따라왔다. 이때 선동연설을 메모한다든지, 휴대무전기를 내보이는 것은 절대 금물이었다. 경찰 사복조라고 알려지면 뭇매를 맞기 때문이다. '안보 반대'라든가 '기시 내각 타도'라고 하는 데모구호를 외치면서 함께 주먹을 쥐고 하늘로 뻗쳐 올리지 않으면 안 된다. 시무룩한 얼굴로 팔짱을 낀다든지 하면 문제가 복잡해진다.

　이러한 점에 관해서 전령 H군에게 사전에 충분히 주의를 주어 현장에 잠입했는데, 돌연히 '사복경찰이다!'라는 고함소리가 들렸다.

눈을 번쩍 들어보니 H군이 팔을 붙잡혀 있었다. 왜 발각되었는지는 몰라도 일단 탈출해야만 했다. 나는 'H, 도망쳐!'라고 명령하며 순식간에 데모대에서 이탈하여 배치된 기동대의 대열을 향하여 질주했다.

데모대는 죽기 살기로 고함을 지르며 쫓아왔다. 순간 나는 신사복 상의를 어깨에 걸치고 필사적으로 달리는 H군의 바지 엉덩이를 보고 깜짝 놀랐다. 벨트에 부착된 수갑이 찰칵찰칵 소리를 내며 날뛰고 있지 않은가? 타조처럼 머리만 숨기고 엉덩이는 숨기지 않는 경우가 이런 것이다. 상의에 가려졌던 수갑이, 더워서 상의를 벗었을 때 완전히 드러나 보였기 때문에 '예, 나는 사복경찰입니다.'라고 신분을 드러낸 채 데모대의 상황판단을 하겠다고 나선 것이다.

그때부터 나는 H군에게 엄한 주의를 주었고, 앞으로 확실히 너의 이름과 얼굴을 기억하겠다고 말해주었다.

'리더십'의 정의

이노우에 유키히코 경시총감은 과거 경시청 제6기동대장 근무시절 모든 대원의 이름과 얼굴을 외우고 있었다고 한다. 현장지휘관으로서 그것이 부하 통솔상의 매우 중요한 것이라고 이미 말했지만, 경시청 기동대는 보통의 편성으로 4개 중대 약 400명, 대규모 경비임무 시에는 보통 제일선 경찰서에서 근무하고 있는 특별기동대원 2개 중대 200명을 추가하여 600명의 대부대가 된다. 그 600명 전원의 얼굴과 이름을 외는 것은 상당한 노력이 없으면 불가능하다.

앞서 소개한 『리더십』의 제9장에 '부하의 이름을 부르는 능력'이라는 항이 있는데 잠시 그 내용을 소개해보겠다.

"장기결근 후에, 누군가로부터 -특히 상관으로부터- 이름이 불리는 것만큼 인간의 자아를 기쁘게 하는 것은 없다. 젊은 장교는 상관이 자기를 기억해줄 뿐만 아니라, 앞으로도 잘 이끌어줄 것이라는 느낌을 받게 된다. 믿기 어렵지만 율리우스 시저는 자기의 군단 전체의 부하 이름을 부를 수 있었다고 전해진다. 하나의 군단 병력은 약 6,000명이나 되었고, 시저는 수개 군단을 거느렸기 때문에 이 이야

시저에게 항복하는 겔트족 대장 베르킨 게트릭스 지휘관은 '인간학'을 알아야 한다. 명장 나폴레옹도 시저도 인간심리를 꿰뚫는 인간학의 태두였다.

기는 과장되지 않았을까 생각되지만, 여하튼 시저가 사람을 식별하는 데 있어서 특출한 재능을 가지고 있었음에는 의심의 여지가 없다. 부하들은 자신들의 얼굴을 보고 바로 이름을 기억해 내는 시저가 자신들을 보고 있다는 신념을 바탕으로 업무나 전투에 임함에 있어서 가능하면 많은 노력을 경주했던 것이다.

나폴레옹 역시 이러한 인간적 접근을 높게 평가했다. 군대를 열병하던 중, 나폴레옹은 자주 한 사람의 고참병 앞에 서서 이름을 부르며 '아 그래, 아우스테릿츠에서 같이 있었지.' 등과 같이 얘기하면서 처자의 안부를 묻는다든지, 기타 개인적인 이야기를 나눴다. 물론 나폴레옹은 미리 부하로부터 충분한 설명을 받았음에 틀림없지만, 그에게 이런 말을 들은 부하들의 입장에서는 깊은 감동을 받아, 나폴레옹에 대한 충성심이 높을 수밖에 없었다."

이 책 『리더십』의 저자는 여러 명(해사 교수를 비롯한 해군 장교들)인데 모두가 '현장지휘관'을 경험했던 사람들이다. 그들은 리더십을 이렇게 정의하고 있다.

"리더십이란 한 사람의 인간이 다른 사람의 마음으

**생베르나르 고개를 넘는 나폴레옹 보나파르트,
자크 루이 다비드** 作

로부터 복종, 신뢰, 존경, 충실한 협력을 얻는 방법으로 인간의 사고, 계획, 행위를 지휘할 수 있고, 또한 그러한 특권을 갖도록 하는 기술(art), 과학 내지 천성으로서, 인간집단에는 '리더'와 '팔로워'가 있다. 리더십은 한 사람이 명령이나 설득, 기타 수단을 가지고 많은 인간을 심복시키고자 하는 의사로서, 매우 강력한 동기 부여를 전제로 한다. 개인 측면에서는 자신의 시간이나 물질적 이익을 희생하더라도 이 '인격적인 힘(personal power)'을 달성하려는 적극적인 의사가 있다는 것을 의미한다."

존재감이 희박한, 얼굴 없는 이름

점차 지위가 올라가면, 부하의 수도 증가하고 현장을 떠나게 되며 연륜이 쌓임에 따라, 부하의 이름과 얼굴을 외는 기억력도 쇠퇴하고 필요성도 줄어들며 암기하려는 의욕마저도 저하된다.

경비 제1과장이 되면서 과원도 2,000여 명 정도, 기동대도 10개의 4,500명 정도가 되었다. 열심히 암기했다고 해도, 경부인 중대장을 외는 것도 벅찰 정도였다. 미에현 경찰본부장 1년 반 동안에는 2,700명의 현(縣) 경찰 직원 전부를 외울 수 없었다.

또 방위시설청 장관이 되었을 때, 북쪽으로는 홋카이도에서 남쪽으로는 오키나와까지 전국에 흩어져 있는 부하도 3,500명. 2년 근무

중, 끝까지 한 번도 만난 적이 없는 사람도 많았다. 현장에서 멀어지면 멀어질수록 인간관계는 관료적이 되고 이름과 얼굴을 외울 수 없게 된다.

'아사마 산장 사건' 등의 중대사건에서 순직한 제2기동대장 우치다 나오타카 경시, 쿠로베 차량대 중대장 타카미 시게미츠 경부처럼 경찰의 상층부에서 보면 얼굴 없는 이름에 지나지 않게 되는 경우 상하의 연대감은 급속히 희박해진다.

캄보디아 PKO 문민경찰관인 다카다 하루유키 경시도 마찬가지다. 현장에서 먼 총사령관인 수상이나 국가공안위원장에게는 역시 존재감이 희박해진 이름이 되어버리고, '감정이입'을 수반하지 않고서는 '별 수가 없는 것'이라는 부적절한 발언이 상층부의 입에서 나오고 만다.

적어도 현장지휘관은 부하의 이름과 얼굴을 기억하는 것이 부임 직후 가장 먼저 해야 할 일이다. 『해군차실사관수칙』에는 '이름과 얼굴을 외워라'고 하는 직설적인 형태의 기록은 없으나 '부하에 대한 수칙 10가지'라는 항목에서 다음처럼 인간(부하) 연구의 중요성을 기술하고 있다.

"여러분은 부하되는 자를 연구하라. 따라서 부하들과 더불어 일하고, 부하를 지도하라."

사람을 섣불리 평가하지 마라

그러면 '부하되는 자를 연구'하기 위하여 어떻게 해야 좋은가? 구체적으로 방법을 생각해보자.

부임하면, 우선 직속부하의 인사기록을 인사과에서 빌려 통독하고 학력, 경력, 가족환경, 자격 기능, 성격 등을 알 수 있도록 하라.

부하의 인격을 분석 평가하고, 능력을 확인하는 구체적인 방법은 인사기록이다. 몇 대에 걸친 전임관리직의 인물평가관은 중요하다. 과거의 공적, 실패, 주벽, 여성관계, 금전욕, 사고기록, 물욕의 정도, 취미, 스포츠 등등 내용은 적지만 사실은 사실대로 기록되어 있을 것이므로 참고하며, 상벌의 기록도 살펴보아야 할 것이다.

다만 전임자, 전전임자들의 근무평정, 성격 분석 등은 그 인물을 아는 하나의 척도이므로 반드시 그 기준을 명기해 두어야 한다. 바꿔 말하자면 그것은 절대적이 아닌 것이다.

부임 후 관리직은 인사기록의 기재사항을 비교하여 부하의 행동을 정확하게 관찰하며 평가해야 한다. 전임자는 때에 따라서 개인적인 좋고 나쁨, 오해, 성격 불일치, 악의에 의한 왜곡 등으로 해당자를 부당하게 과소평가하는 경우도 있다. 반대로 전임자가 편애하여 자의적으로 과대평가하는 부하를 발견하는 경우도 있다. 따라서 전임자의 평가를 무비판적으로 섣불리 수용해서는 안 된다. '전임자는 누구?'라는 생각을 가지고 근무평정자를 마음속에 설정하여 보고, 인물평가 수정의 방향지시기로 삼는다면 좋다.

이와 같은 '떨어진 이삭을 줍는' 방법을 통한 인재의 발굴 -인물평가에 의하여 묻혀진 인재의 등용- 은 신임 '차실사관'들의 중요한 임무 중 하나로서 그것은 조직체의 활성화를 기할 수 있고 사물을 새로운 시각에서 볼 수 있게 해준다.

공사혼재(公私混在)를 경계하라

자신이 속해 있는 업무상의 인간집단, 인간조직 -관청, 기업, 기타단체 등- 은 시낭송 동호회나 조류관측회 등 취미나 동호인들의 모임처럼 분위기가 좋은 것만은 아닐 터이다.

각 개인의 사명감과 야심을 달성하기 위하여 또는 부모의 가업을 세습하기 위하여, 습득한 특수기능을 살리기 위하여, 아니면 단지 가족 봉양을 위한 생활의 재원을 얻기 위하여 별로 좋아하지는 않지만 마지못해 선택한 직업이 직장인 것이다. 그러므로 당연히 맞지 않는 사람, 좋아하지 않는 사람, 의지가 불량한 사람, 기분에 만족하지 못하는 사람들이 사방에 있을 것이다.

그러나 윗사람이 되는 자가 자기의 취미나 좋아하거나 싫어함에 따라 부하의 공적인 가치판단을 하는 것은 본래 허용되지 않는다. 사생활이나 취미의 세계에서 좋고 싫음으로써 교제 상대를 선택하는 것은 자유이고 당연한 것이지만, 직장에까지 그것을 갖고 들어오는 것은 정도가 심한 것으로 '공사혼재(公私混在)'이다.

직장에서의 위치는 사유물이 아니다. 예컨대 부하 중에서 누군가 한 사람을 영전 또는 진급·승급시킬 때는 다른 관리직이나 자신의 보좌 직위에 있는 하급관리직 등의 중의를 모은 뒤, 자신의 의견은 최후에 말하는 마음을 가지는 등 부하의 인물평가, 근무평정을 객관화할 수 있는 시스템을 확립하는 것이 좋다.

어떻게 하더라도 자신의 기호가 개재되므로, 이것은 인간인 이상 어느 정도는 어쩔 수 없는 것이지만 특별히 자신이 좋아하는 부하, 아니면 싫어하는 부하가 영전·승진 후보자에 들 경우에는 철저하게 '공평하도록' 관심을 기울여 여론에 귀를 기울이는 것이 바람직하며, 공인(公人)으로서의 평가와 사인(私人)으로서의 취미를 구별시켜 공평성, 객관성을 갖는 것이 좋다.

고토다 마사하루 씨의 '능력주의' 인사

중의원 의원 고토다 마사하루(전 부총리, 관방장관) 씨는 경찰청장관 때부터 "나는 철저한 '능력주의' 인사를 한다. 좋아하더라도 안 되는 자는 등용하지 않고, 싫더라도 유능한 자는 기용한다."라고 선언하며 그 방침을 관철시켰다. 그는 인사를 단행하든지, 인물 평가를 할 경우 객관성, 공평성을 갖고 자신의 의견을 타인의 의견으로 검증하기 위하여 일부러 독특한 방식을 썼던 것으로 유명하다.

이를테면 자신이 싫어하는 인물, 능력을 높이 평가받지 못한 부하를 두고 "그 친구는 아주 좋은 인물이고 업무도 잘 할 수 있다고 생각하는데 자네는 어떻게 생각하나?"라고 일부러 반대 표현으로 의견을 물어보는 것이다. 반면 마음속에 두고 있는 인물은 일부러 비방하거나 험담을 하여 상대의 의견을 묻는 경우도 있다. 이것은 조언자의 인물을 보는 눈은 어떤지, 추종자가 예스맨인지, 자신의 의견을 똑바로 지닌 직언을 하는 자인지를 테스트하는 마치 리트머스와도 같은 것이었다.

진정한 면에서 자신의 신념에 따라, 아니면 자신이 증언할 수 있는 사실에 입각해 자신이 당사자의 한 사람인 1차 정보원으로서 정보에 근거하여 있는 그대로 의견을 개진하였던 마사하루 씨는 부하들 입장에서 보면 함부로 대할 수 없는 엄격한 상관이었다.

보통 좋고 싫음은 첫인상으로 결정되는 경우가 많다. 그러나 첫인상으로 결코 사람을 평가해서는 안 된다. 좋고 싫음은 사생활에 있어서는 별로 문제가 되지 않는다. 싫은 사람과는 교제를 하지 않으면 그만이다. 하지만 공인(公人)은 다르다. 공인의 지위에 있는 자가 첫인상 따위로 인물 평가를 한다는 것은 위험한 사고방식이며 조직에 피해만 안길 뿐이다.

『해군차실사관수칙』의 '부하지도에 관해서'라는 항목에는 이렇게 언급하고 있다.

"무엇보다 한 번 본 것만으로 사람을 평가해서는 안 된다. 누구에게든지 장점도 있고 단점도 있다. 단점만을 보는 것보다 장점을 찾아내고 격려를 해주는 것이 조직에게는 큰 이로움이 된다."

다케시타 노부로의 경이적인 기억력

사람의 경력을 기억하는 데 있어 현존하는 정치지도자 중에 다케시타 전 총리에 필적할 만한 사람은 없을 것이다.

내가 내각안전보장실장 시절에 당시 총리였던 다케시타 씨가 어느 부처의 국장급 인물에 관하여, 그의 경력을 줄줄 말하는 것을 듣고 "거기까지 알고 계시는군요. 그런데 비서관이 별도로 잘 챙겨주십니까?"하고 물어보았다.

"아니 그렇지 않아. 나는 자민당 간사장 시절에 중앙관청의 국장 이상의 경력을 파악하여 두겠다고 생각했다네. 인사기록을 취합하여 암기하였지. 해볼까? 대장성에도, 통산성에도 누가 차관이고 국장인지 말해볼까?"라며 껄껄 웃는 것이었다.

술자리의 여흥으로 시작한 것이지만, 다케시타 씨의 놀랄만한 기억력이 그 자리에 있던 모든 사람에게 알려진 순간이었다. 그는 모두가 경탄하는 가운데, 정말로 각 부처 주요 국장의 경력을 읊고 있었다.

"여야의 국회의원도 전부 외고 있어요. 이를테면 공명당의 어느 의원…"이라고 말하며 그는 해당 의원의 출신지, 학력, 연령, 주요 약력, 심지어 당선회수에 득표수 등을 줄줄 암송하였다.

"이번에는 인구가 많은 순서로 세계 각국을 말해볼까?" "이번에는 인구가 적은 순서로…"라고 말하며 그는 이 모든 것을 줄줄 읊어나갔다. 그의 해박하고 뛰어난 기억력, 믿을 수 없을 정도의 기억력은 만나는 사람마다 경악할 정도였다. 이런 사람에게는 사실을 가감시켜 얘기할 수 없고, 틀린 것을 말하면 뒤에 곤란하게 되므로 부하들은 모두 진지하게 공부하고 조사하여 정확한 보고를 하도록 노력할 수밖에 없다.

잡담으로 가정환경을 안다

인간의 성격과 가정환경은 떼려야 뗄 수 없는 관계이다. 과거, 현재를 불문하고 큰 불행에 위로받는 사람, 사생활이 불우한 사람, 반면에 은혜를 받아 풍요한 환경에서 자란 사람 등 누구나 사람들은 제각각 공적인 생활면에서 그 나름의 강함과 약함, 장점과 결점을 반영하고 있다.

부하가 어떤 면에서 기분을 상하게 하는 결점이 있더라도, 가정환경을 알게 되면 그 나쁜 감정이 녹아내려 동정으로 변하기도 한다. 가정환경을 알기 위해 가장 간단하고 자연스런 조사방법은 '잡담'이다. 파악해야 할 착안점은 다음과 같은 요소이다.

- 양친은 건재하신가? 사망했다면, 언제인가? (예컨대 어려서인지, 성인이 된 다음인지)
- 가정환경으로 불화나 번뇌를 한 적이 없는가? (예컨대 부모, 형제, 부부 간에 고충은 없는지, 병자는 없는지 등)
- 경제적으로 어떠한가? (예컨대 부유한지, 곤궁한지, 특히 봉급만으로 살아가는지, 부양의무 가족은 있는지 등)
- 성장배경은 어떠한가? 가장에서의 서열은 어떻게 되는가? (예컨대 부모의 경제능력, 교육수준, 장남(장녀)인지, 차남(차녀)인지 등)

이러한 사생활상의 사정을 한번 들어두는 것은 인사담당자의 임무일 뿐만 아니라, 일상의 관리자 모두의 임무이다. 이를테면 사생활 면에서 부유하지 못한 환경에서 자란 사람에게는 다른 사람에게 의지하지 않고 독립심이나 불행한 자에 대한 동정심, 봉급만이 생활의 수단이므로 조직에 대한 충성심, 헌신적 근무 등을 기대할 수 있지만 반면에 '어두운 성격 및 편협성', '물질욕', '외골수' 등의 결점을 발견하는 경우가 있다.

반대로 경제적으로 풍요한 환경에서 자란 사람 또는 독자로서 사랑받고 자란 사람은 타인에 쉽게 의지하려 하고, 때로는 방만하며, 타인에의 배려가 결여된 사람들도 있다. 역경과 비운에 직면했을 때 '누가 강하고 누가 여릴까' 등의 일상적 관찰을 해두면 인재를 기용할 때나 주요 임무를 수행해야 할 때 이러한 인간적 데이터가 유용하게 쓰일 때가 많다.

그러나 근대적인 관청이나 기업에서의 조직 운영 및 인사관리에 관해서는 이러한 사고방식과는 반대되는 합리주의적 인간관계론도 있다. 근대사회는 '게젤샤프트(Gesellschaft) = 이익공동체'가 주된 요소이다. 그러므로 관리직은 '게마인샤프트(Gemeinschaft = 운명공동체)'적 사고방식을 가진 부하에 대한 보살핌은 없다. 오히려 냉정하고, 사생활을 배제한 공적인 인간관계를 가져야만 한다는 사고방식이다.

군대에서도 "지휘관, 특히 상급지휘관은 하사관 및 사병과는 거리를 두어야 하며, 너무 친하게 하면 사정에 치우치고 목숨을 건 임무를 내리려 할 때 장애가 된다. 가족 사정 등 오히려 모르는 것이 편하다."라고 하는 의견도 있다.

각자 나름대로 자신의 방법대로 지휘관의 길을 걷는 것이 좋지만 극한상황에 직면한다든지, 목숨을 건 임무를 부여할 때는 하사관·병이 일상생활에서 그들의 일을 친절하게 생각해 주는 사람이나 그들이 존경하는 지휘관의 명령이 있으면 지옥에까지 따라 갈 것임에 틀림없다.

⑶ '하려는 의지'를 키우는 방법

'해 보라, 해 보이라, 칭찬하라'

『해군차실사관수칙』의 '부하통솔상의 필수요소' 중에서 –

"청년장교는 적어도 부하에게 명령하는 업무를 수행함에 있어서 그들보다도 멋지게 수행할 수 있는 능력과 지력이 있어야 한다. 따라서 그 업무 사항이 매우 작고 사소하든가 아니면 그 반대일지라도 하급자는 상관이 하찮은 일에서부터 만사를 통달하며 오류가 없다는 것을 알게 되면 어떠한 경우에서도 이를 신뢰하게 된다. 부하의 신뢰는 통솔의 제1요소이다."

중간관리직이나 현장의 감독은 자신의 소관 사무에 관하여 적어도 현장에서 일하는 부하보다는 더 많이 알지 않으면 안 된다.

인간은 모두 나름의 특기와 약점이 있고 모든 기능과 지식의 전문가가 되는 것은 불가능하지만, 자신의 직무에 한해서는 다른 사람들보다 우수한 것, 적어도 부하들보다 훌륭한 것을 몸에 익혀 두는 것이 중요하다. 업무의 순서, 매뉴얼, 절차 등 소관업무에 밝지 않으면 자연스레 자신감은 결여될 것이며 이는 고스란히 부하들도 인식하게 된다. 자신감이 결여된 지휘관을 따를 부하는 없다. 특히 위험한 현장에서는 더욱 그러하다.

구 일본 연합함대사령관 야마모토 이소로쿠는 이렇게 말했다. "해 보라, 해 보이라, 칭찬하라" 간단한 문구이지만 지휘관이 갖추어야 할, 실로 적절하고 훌륭한 문구가 아닐 수 없다.

부하는 상관의 무엇을 보고 있는가?

『부하가 본 감독자론』의 실례에서 상관에 대한 부하의 냉정한 근무평정을 살펴보자.

- 의문점을 물어보아도 확답을 얻을 수 없다.
- 부하의 질문을 피한다.
- 업무면에서 부하에게 뒤진다.
- 법령에는 통달하나 인격 수양에 노력이 없다.
- 실무 이외에 대하여 전혀 공부하지 않는다.
- 정치, 경제, 문화 특히 경제 문제에 대하여 인식이 없다.
- 상급자일수록 대개 공부를 멀리하는 경향이 있는 것 같다.

위의 실례에서 보듯 부하들 역시 언제나 상관을 예의주시하고 있다. 겉으로 드러내지는 않지만 속으로는 나름의 상관에 대한 평가를 하고 있는 것이다.

'솔선수범'이란 자신이 할 수 있는 것으로서, 부하의 일을 가로채거나 대신해 보이면서 '어떠냐?' 하고 허세를 부리는 것이 아니다. 부하로부터 질문을 받을 경우 얼버무리든지, 모르며 아는 척 한다든지, 허세를 부리며 속여서는 안 된다. 상관은 자신이 맡은 일에 대해서 자신의 부하로부터 항상 질문을 받을 각오를 하지 않으면 안 된다. 그러므로 최소한 자신의 소관에 속하는 범위의 제 문제에 관해서는 모든 걸 숙지하고 있어야 함을 명심하라. 부하의 질문에 명확한 답을 해주어야 하는 것은 부하에 대한 상관의 의무이다.

그러나 간혹 부하의 질문에 즉답을 해줄 수 없는 일도 생길 수 있다. 상관도 사람이며 모든 걸 다 알고 있을 수는 없기 때문이다. 이런 경우에는 반드시 그 후에 조사해보고, 선배나 동료 등에게 물어서 그 질문에 대한 의심을 풀어주어야 한다. 이는 상관에 대한 부하의 신뢰도와 직결되며 상관에 대한 신뢰가 쌓이게 되면 그 조직은 반드시 좋은 성과를 거두게 된다.

『해군차실사관수칙』의 '잡훈 10칙'에는 다음과 같은 함축적 훈시가 있다.

"하급자의 업무를 감독하는 경우 그 일에 직접 개입하여 간섭하는 것은 가장 금기시해야할 사항이다. 그렇지만 위험한 것과 실수를 보고도 그냥 지나치는 것은 더욱 금물이다. 이런 경우에는 부하에게 시간을 내어 조용히 주의를 주어 잘못을 시정케 하고 위험을 회피할 수 있게 해야 한다. 또한 필요시에는 그 전체 작업을 스스로 지휘하여 실시하는 것도 가능하다. 그러한 경우 전체 책임도 동시에 자기의 어깨로 이동된다는 것을 일지 말라."

'모두가 나의 스승'이라는 자세

한 조직에서 부하가 자신(상관)보다 유능하며 통솔력도 탁월하다고 했을 때 어떻게 할 것인가? 사실 조직에서 이러한 사례는 비일비재하다. 만일 상관이 그러한 부하를 질투하며, 배제시키려 한다면 그것은 매우 우둔한 행위이다. 상관이 해야 할 일은 자신보다 훌륭한 부하를 어떻게 활용하는가를 예측하는 것이다.

가령, 배치가 바뀌어 새로운 조직에서 새롭게 업무를 시작한다 치자. 지금까지 함께 일한 적도 없는 상관, 동료, 부하에 둘러싸여, 즉 새로운 인간 환경에 투입되었을 때는 신참자의 겸허한 자세로 '다른 사람 모두가 나의 스승'이라는 겸손한 자세로 출발하는 것이 현명하다.

불필요한 자존심이나 편협한 지역주의를 버리고 자신보다 유능한 부하에게 솔직하게 배움을 청하고, 경험 많은 전문가의 지식기능을 활용하면 좋을 것이다. 대부분 어느 분야의 전문가들은 장인적 자존심을 가지고 있으므로 그 가치를 인정하여 허심탄회한 지도를 청하는 자에게는 관대하고 친절한 경우가 많다. 반대로 허세를 부리며 아는 척 하는 신참에게는 마음을 열지 않을 것이다.

앞서 말했지만 1967년 10월 8일 제1차 하네다투쟁에서 개시된 소위 제2차 미·일안보반대투쟁은 990일간에 걸쳐서 지속되었다. 이 경비에 종사한 경시청 기동대는 약 6,000회에 달하는 집단불법행위 규제의 경비임무에 종사해 순직자 1명을 포함하여 연 12,000명의 중·경상자를 내었다.

특히 'Follow me'라고 외치며 부대의 선두에 선 지휘관들의 부상률은 매우 높았다. 1968년 11월, 내가 경비1과장으로 임명된 시점에서 5개 기동대의 대장 5명 중, 1기동대, 2기동대, 3기동대의 3명 등 실제 대장의 60%가 부상하였고, 기동대 약 3,200명 중에서 약 50%(약 1,600명) 정도가 교체된 것을 보면, 부상으로 인한 참상이 어느 정도인지 알 수 있다.

비교하자면, 베트남전에 참전한 미군의 예에서도 밝혀지듯이, 신진기예의 훌륭한 청년장교들이 선두에 서서 많은 희생자가 났으므로, 베트남을 '대위의 무덤'이라고 부를 정도였다. 미 육군의 전체 전사자 30,743명 중에서 장교는 약 11%인 3,359명이며, 이 중 대위·중위는 1,971명으로 장교 전사자가 약 59%나 되는 높은 비율이었다. '지휘관 선두'의 전통이 강한 해병대는 더욱 비율이 높으며, 전체 전사자 3,430명 중 905명(약 26%)이나 되었다.

여하튼 이러한 여파로 인해 최초 5개 부대였던 기동대가 9개 기동대와 특과차량대의 10개 부대의 훈련 및 실전부대로 증편되었으며, 실전 참가라는 냉엄한 사태에 직면하게 된 것이다.

당시, 하타노 아키라 경시총감의 방침은 상급직, 특히 동경대 출신을 기동대 지휘관으로 임명하는 것이었다. 이에 따라 신설된 6, 7기 동대장에 마스다 요시마사(작고), 이케다 츠토무 경시가 임명되었고, 중대장에는 와타나베 모토, 호소이 다메유키 경부가 임명되었다.

더욱이 기동대 경험이 일천했던 경시청 간부가 대장, 대대장, 중대장, 소대장으로 착착 임명되어 참신한 지휘관들이 그 때부터 현장지휘관에 투입되는 전례 없는 인사가 단행된 것이다. 경시청 경비부 경비1과장이었던 나는 상급직의 신임대장, 중대장 등을 비롯하여 신임의 각급 지휘관에게 기회가 될 때마다 다음과 같이 충고하였다.

"부임 직후 허세를 부리지 말라. 뭔지 모르고 업무에 직면하기 전에 겸허하게 고참 분대장 등 하급지휘관의 조언을 구하라. 선배·동료 지휘관의 말에 귀를 기울여라. 최초 1개월 동안은 위로 갈 것인지 아래로 갈 것인지 현장 경험이 많은 사람에게 질문하는 것은 조금도 부끄러운 것이 아니다. 그러나 3개월이 지나서까지 부하에게 묻는 것은 수치이다. 고참병의 의견을 들어라. 조금 안다고 경솔하게 강행하는 독선은 자신을 포함해 부상자를 내는 원인이 된다…"

마음과 생각이 여린 신임 지휘관들은 처음으로 투석, 화염병의 세례를 받고, 쇠파이프, 각목이 난무하는 아수라장에서 부하인 순사부장(분대장)이나 전령, 통신병 등의 조언을 솔직히 들었다.

"중대장님, 지금입니다. 고함을 지르며 전진해야 합니다!"

"후퇴시키는 것이 좋습니다. 소대장님!"

등등 신임의 각급 지휘관 옆에서 조언하고 명령이나 호령을 내도록 소리를 지르는 것은 역전의 용사 분대장이나 전령인 순사대원들이라는 현실을 나는 현장에서 똑똑히 목격했다. 그리고 자신을 희생하고 부하의 조언을 솔직히 수용하는 지휘관들은 수개월이 지나면서 비로소 진정한 현장지휘관으로 성장하였다.

부하를 질투하는 것은 어리석음의 극치

이와 비슷한 사례로, 제2차 세계대전 중의 독일 공군에는 '하늘에 올라가서는 계급에 상관없이 격추기 수가 많은 사람이 지휘관'이라는 불문율이 있었다고 한다.

동부전선에서 소련 공군을 상대로 출격 1,500회, 교전 800회, 격추 실적 352기라고 하는 전인미답의 전과를 올려, '검은 악마'라는 별칭을 얻은 젊은 독일 공군 에이스 파일럿 에리히 할트만 소령의 생애를 엮은 『멧사슈미트의 별』이라는 전기가 있다.

이 책에 의하면, 할트만 소위(당시)가 1942년 10월 9일 코카서스 산맥의 북쪽 소르다토스카야 마을에 주둔하고 있던 독일 공군 제52전투항공단 제3연대에 부임했을 때 연대장 폰 보닌 소령이 훈시를 하였다. 보닌 소령은 스페인 내란에서 콘돌군단의 베테랑 조종사로 이미 49기를 격추한 에이스였다.

"여기서는 격추기 수가 전부이다. 계급도 기타의 어떠한 보잘것없는 것은 어찌되든 좋다. 지상에서는 군율이 있지만 공중에서 각 부대는 격추기 수가 가장 많은 파일럿, 전투 경험이나 기술이 가장 우수한 파일럿이 지휘한다. 이 규칙은 나를 포함하여 전원에게 적용된다. 나보다 격추기 수가 많은 준위와 함께 비행하게 되면 그가 부대를 지휘한다. 이것은 파일럿 간에 누가 지휘권을 장악하는가 왈가왈부하는 것을 전부 배제한다. 중요한 것은 격추기 수뿐이므로 왈가왈부할 필요가 없다. (중략) 자네들과 같은 젊은 소위는 보통 군조(상사급)와 함께 비행하게 된다. 공중에서 그들은 자네들의 지휘관이다. 자네들이 계급을 들먹이며 그들이 말하는 것을 듣지 않았다고 하는 말 따위가 나에게 들리지 않게 하라."

이렇게 멧사슈미트 109형 전투기로 구성되는 제7중대에 배속되어 최초 진형에 들어온 할트만 소위는 격추 80기의 에드워드 폴 로스만 조장(상사) 계열의 항공기로 비행하게 된다.

이 독일 공군의 예는 실전의 전장에서 있었던 극단적인 실력주의에 입각한 부대 운용의 사례이다. 부하 중에 사실상 실력자로서 실권을 장악하는 고참 하사관이 있다면 그 부하의 영향력과 경쟁하는 것은 우둔함의 극치이다. 상관이 되는 자는 훌륭한 부하의 역량을 조직을 위하여 어떻게 활용할 수 있을 것인가를 고민해야 한다.

걸프전쟁에서 슈와츠코프 사령관을 보좌하고 지옥과 같이 험난한 곳에 56만 명의 군대와 700만 톤의 무기, 차량, 보급품을 운반하고 이를 종전 후 원대복귀시키는, 세계전사상 전례가 없는 방대한 규모의 군수지원 작전을 지휘한 윌리엄 가스 파고니스 중장(사령관보좌)은 그의 베스트셀러 『산, 움직이다』를 저술했다.

그는 이 책에서 유명한 경영학자 피터 드러커의 말을 인용하고 있다.

"유능한 리더는 다른 사람이 아닌 바로 그 자신이 최종적인 책임을 진다는 것을 알기 때문에 동료와 부하의 능력을 두려워하지 않는 것이다. 잘못된 리더는 항상 유능한 부하를 없애 버린다. 리더는 유능한 동료를 발탁하여 끌고 밀면서, 이를 진정으로 기뻐한다. 또 동료와 부하의 실수도 최종적으로는 자기에게 책임이 있는 것이므로 동료와 부하의 성공을 위협하지 않고 자신이 성공하도록 노력해야 한다."

(4) '연대감'을 기르는 방법

명장의 조건 - '감정이입'이 가능한 정신구조

동서고금, 역사에 그 이름을 떨친 명장들은 예외 없이 '감정이입 (Empathy)'이 가능한 정신적 소질을 갖추고 있었다.

'감정이입'이란 독일의 심리학자 리프스가 제창한 학설로서 간단 히 정리해보면 다음과 같다. "감정이입이란 타인(他人)이나 자연물(自 然物) 또는 예술 작품 등에 자신의 감정이나 정신을 이입시켜 자신과 그 대상물과의 융화를 꾀하는 정신작용이다."

부하와의 일체감, 상하 간의 강한 연대의식을 꾀하기 위해서는 여 러 방법이 있겠지만 가장 기본적이면서도 간단한 것이 그들과 더불 어 식사를 하는 것이다. 물론 평시에는 직원식당, 사관식당, 병사매 점 등 구별이 있어 각기 식사를 하며, 경제적인 이유로 들어가는 식 당도 다를 것이며 메뉴 또한 다를 것이다. 평시이므로 이러한 예가 조직의 연대감에 장애를 줄 정도의 심각한 문제로 대두되지는 않 는다.

그러나 그 인간집단 전체가 유사시의 극한 상황, 예컨대 전쟁이나 전투 상황에 직면했을 때는 다르다. 이럴 때, 현장지휘관은 자신만의 식사를 하여서는 안 되며 부하들과 더불어 '병식(兵食)'을 해야 한다.

이것이 상하 일체감 조성의 첫 출발점이다.

부하들과의 병식은 '배려'의 표현이다. 모두 배를 주리고, 목이 말랐으며, 식고 맛없는 보급품을 먹고 있는데 지휘관만이 특별히 장교 식사를 한다면 부하들과의 '감정이입'이 제대로 될 리 만무하다.

알렉산더 대왕이 페르시아 원정 시 겪었던 일화를 살펴보자. 알베라 전투에서 숙적인 페르시아의 다리우스 대제에게 대승하여, 패주하는 다리우스를 쫓으며 한여름의 뜨거운 태양 아래서 11일간 440 마일을 돌파하는 강행군의 추격전을 전개했을 때의 일이다.

전군이 타는 듯한 갈증으로 역경과 괴로움 속에서 행군하였다. 그때 한 사람의 마케도니아 병사가 어디에서 발견했는지 투구에 가득 찬 물을 알렉산더에게 바쳤다. 주의의 기병들이 머리를 쭉 내밀며 부럽다는 듯이 투구의 물을 바라보고 있었다. 생각할 것도 없이 투구에 입을 대어 물을 마시려 했던 알렉산더가 잠시 머뭇거리며 생각에 잠기더니 이내 물을 땅에 부어버리며 이렇게 소리쳤다.

"자, 진격하라. 우리는 피로하지도 않고 목마르지도 않다!"

이 모습을 본 모든 장병들은 격한 감격으로 소리를 높이며 "위대한 대왕에게 지휘를 받는 우리들은 불사신이며 천하무적이다!"라고 함성을 질렀다고 한다.

'일심동체(一心同體)'임을 강조하라

제2차 세계대전 중 독일의 롬멜 원수는 '사막의 여우'라는 별칭으로 아프리카 전선에서 용맹을 떨친바 있다. 그의 진중일기 『롬멜 전기』에는 그가 야전에서 부하와 어떻게 생활했는지의 태도가 잘 나타나 있다.

> 1941년 8월 29일 -
> "어떤 것도 변한 것이 없다. 단지 낮이나 밤이나 극심한 더위뿐이다. 빈대 네 마리를 퇴치했다. 오늘 밤 내 침대 다리에 물을 뿌려 빈 깡통 속에 세웠기 때문에 지금부터는 밤에 좀 편히 잘 수 있을 것으로 생각한다."

> 9월 29일 -
> "최근 며칠, 매우 기뻤다. 많은 보급물자가 우리를 위하여 벤가지에 도착했다. 상륙시키는 데 50시간 걸렸지만 어쨌든 잘되었다. (중략) 밖에는 사막의 바람은 아니지만 드센 바람이 불고 있다. 당번병이 오늘의 석식으로 감자를 준비해 주었다. 며칠 간 먹지 못했는데 매우 즐거웠다."

이렇듯 장병의 마음을 간파하고 있는 모든 명장들은 예외 없이 전장에서 '부하와 함께하는 마음'으로 노력하였다. 포에니 전쟁에서 활약한 카르타고군의 명장 한니발도 부하와 같은 식사를 하며, 외투를 둘러쓰고 딱딱한 땅 위에서 잤다고 한다.

제2차 미·일안보조약 반대투쟁의 절정기에 하타노 아키라 경시총감은 대규모적인 경비임무를 위하여 경시청 구청사 5층에 최고 경비본부가 설치되었을 때, 본부에 소집된 경시청 간부들 전원과 더불어 그날의 경비식사, 즉 제일선기동대원이 먹는 통조림 식사 또는 도시락 식사 등과 똑같은 식사를 하도록 지시함으로써 위에서부터 아래까지 모두가 똑같은 식사를 하게 하는 상황을 의도적으로 조성하여 연대의식을 강화하도록 노력하였다.

걸프전쟁 때부터 일본이 국제사회에 대한 인적 공헌이 부족하다는 국제적 비판을 받았기 때문에, 우리들 뜻있는 사람 약 300여 명이 JIRAC(일본국제구원행동위원회)를 결성하여 NGO활동을 전개했다는 것은 이미 앞에서 언급한 바 있다. 3년 반 동안 11회에 걸친 해외 NGO 활동에서는 38개 대학의 대학생이나 젊은 사회인, 노동조합 지도자 등 총 380여 명이 참가하여 이란의 바흐타단 주, 혹한의 블라디보스토크, 열사의 프놈펜 등에서 단체 행동을 하였다.

그때의 식사로 프놈펜 난민 수용소에서는 난민 급식용으로 조리한 잡탕죽 아니면 휴대하고 간 통조림 등의 식품을 리더 이하 전원이 같은 것을 먹었고, 시베리아에서는 러시아 해군막사에서 숙식하며 러시아 해군 수병용의 병식을 하며 NGO 활동을 추진했다. NGO 활동을 실시할 필요가 있는 지역은 예외 없이 물이 나쁘고 상하수도 모두가 위생조건이 열악하여 파리나 모기 등으로 시달림을 받았었다. 때문에 일본에서 가지고 간 플라스틱 병에 넣은 생수를 급식계에서 집중 관리하여 리더부터 대원까지 전원 똑같은 생수를 마시며 건강 관리에 힘쓰고 연대감 양성에 노력하였던 것이다.

'선우후락(先憂後樂)의 정신'

'야전에서 비가 오더라도 부하와 같이 맞는다'라고 하는 것도 현장 지휘관의 중요한 수칙 중 하나이다.

경찰이나 자위대, 어느 나라의 군대에서도 제복, 제모를 입고 옥외에서 행동할 때, 특히 부대에서 행동할 때 모자에 비닐커버를 씌운다든지 우의를 입더라도 우산을 쓰는 일은 결코 없다.

부대의 사열이 실시되고 있는 중에 비가 오더라도 사려 깊은 간부는 제복과 사복을 막론하고 비 맞는 것을 각오한다. 우산을 받쳐주더라도 이를 사양하고 정열해 있는 대원 모두와 '함께 비를 맞는다'라는 것이 지휘관의 대원에 대한 배려이다.

과거 사이타마현 아사카에서 자위대의 열병식 때 고(故) 다나카 수상은 폭우 속에서 오픈카를 타고 비를 맞고 열병했다. 하시모토 류타로 수상도 운수성장관 당시, 빗속에서 해상보안청 관함식에 임했을 때 '팬츠까지 흠뻑 젖으면서' 관함선 '미주호' 선상에서 관함관(一官)으로서 의식을 완수하였다.

전후(戰後)의 자위대는 실전경험이 없다. 그런 점에서 이러한 현장 지휘관의 수칙사항이 실제 체험으로 익혀지지 않았기 때문에 평시의 관료형 합리주의 발상이 뒤섞여 버릴 때가 있다.

어느 신임 방위청장관이 지방 사단을 시찰했을 때의 일이다. 장관의 현지 도착 30분 전에는 당연히 전부대원이 정렬하여 대기하게 되어 있다. 그날 아침은 공교롭게도 찬비가 내려서 방위청관방장인 내가 선발대로 먼저 사단사령부 현관에 도착했을 때에는 사단 전 장병 약 7,000명이 빗속에서 정렬해 '쉬어' 자세로 대기하고 있었다. 우의를 착용하지 않았기 때문에 이미 그들의 제복은 흠뻑 젖어 제복의 색깔이 변하고 말았다. 헬멧부터 비에 젖어 빗방울이 떨어지고 있는 데도 의연하게 서 있었다.

그런데 사단장, 참모장 등 수뇌부의 고급장교들의 모습은 보이지 않았다. 두리번거리면서 현관 내로 들어가니 사단장 이하 간부들이 실내에서 비를 피하여 대기하고 있었다. 방위청장관 도착 시까지 앞으로 약 10분, 나는 물론 사복차림으로 모자도 쓰지 않았다. 그러나 수행자의 수칙으로서 환영행사나 열병이 맑은 날씨의 행사가 아니고 비가 오더라도 이에 무관토록 나일론 혼방의 짙은 감색의 사복에 짙은 감색의 넥타이를 착용한 복장이었다.

이렇게 하면 비에 젖어도 변색의 정도가 적으므로 잘 보이지 않게 된다. 내가 밖으로 나가 관방장의 지정 위치로 가려 했을 때 사단장

이하가 말렸다. 그들은 "관방장, 아직 10분 전입니다. 정문 앞 도로에 한 명을 배치하여 장관차가 진입하면 보고하도록 조치했으니… 지금 나가시면 비를 맞습니다."라고 말하였다.

경시청 기동대와 더불어 바람이 불든지 비가 오든지 2년 반을 현장과 함께 해온 나에게는 선뜻 다가올 수 없는 말이었다. 지금 밖에는 추위 속에 전 대원이 비에 흠뻑 젖어 연병장에 정렬 대기하고 있다. 사단장 이하 고위 간부는 장관 도착 직전까지 비에 젖지 않고 난방이 잘 된 실내에서 대기하다가 장관이 도착하기 전에 바로 실외로 나가 제자리에 서겠다는 것이다.

열병관이 도착했을 때 복장의 색깔이 다르므로 고위 지휘관들이 '함께 비를 맞지 않았다'는 것이 그대로 드러난다. 군대 경험도, 실전 지휘도 경험하지 못한 폴리틱 밀리터리(정치군사학)에 소원한 일본의 방위청 장관은 부하들의 미묘한 심리를 간파하지 못하겠지만, 만약 역전의 미군 사령관이 열병관이 되었다면 일본 자위대의 관료적인 성향을 한눈에 간파해 버릴 것이다.

"전원이 빗속에서 정렬 대기하고 있기 때문에 우리들도 정렬하여 함께 장관을 맞이합시다."라는 말을 남기면서 나는 실외의 지정 위치로 향했다. 사단장 이하도 하는 수 없이 따라왔다. 적어도 장관 도착 직전까지 전원에게 우의착용을 명령하고 도착 10분 전에 지휘관들을 포함하여 전원이 우의를 벗게 하는 등의 '배려'를 하든지, 아니면 사단장 이하 전원이 비를 맞고 정렬하든지 두 가지 중 어느 쪽이든 선택하는 것이 올바른 행동이라 할 것이다.

현장지휘관은 대원보다 먼저 현장을 답사하고, 전원이 비를 맞지 않게 실내에 들어간 것을 확인한 후 자신도 실내에 들어가며, 부하 전원에게 도시락이나 뜨거운 차를 전달한 것을 확인 후 자신도 수저를 든다는 '선우후락', 특히 어려운 것에는 'Follow me'라고 외치며 선두에 서는, 좋은 일을 할 때는 'After you'라고 하는 수칙이 요구된다.

현장지휘관은 '밝은 심성'이라야

현장지휘관이 가져야 할 심성(心性)에 관하여 『해군차실사관수칙』에는 다음과 같은 몇 개의 항목이 기재되어 있다.

"차실사관은 한 군함의 군기·풍기의 근원, 사기·원기의 원천임을 자각하고 청년의 특징, 원기와 열성, 순수함을 잊지 말라."

"풍성하고 대범하며 상쾌해라. 좁은 마음은 군대의 단결을 해치고, 음울은 사기를 저하시킨다. 바쁜 함정업무 중에도 유유자적한 기분을 잊지 말라. 세심한 것이 물론 필요하지만, 구질구질한 것은 금물이다." (이상 '함내생활 일반수칙')

"아침에 일어나면 먼저 인사하라. 이것이 실내를 밝게 하는 분위기를 조성하는 제1의 유인(誘因)이다."

"차실 내에서 혼자 새침하여 뾰로통한 사람이 있으면 차실 전체에 어두운 그림자를 드리운다. 명랑하고 유쾌한 한 사람이 있으면, 차실 내가 밝아진다." (이상 '차실생활에 관하여')

"항상 혼자 있을 때 신중하라. 스스로 기만하지 말고 공명정대한 마음을 가져라. 특히 다른 사람의 험담을 하는 것은 추악하다." (청년장교에 대한 훈시)

이상은 하나하나 설명이 필요 없는 자명한 이치이다.

앞서 언급한 책 『리더십』에서도 "해군사관은 각자의 일에 대한 불타는 열정과 더불어 일상의 인간관계에 있어서, 다소의 쾌활함을 갖도록 마음가짐을 유지하라. 장시간의 작전 임무, 불면불휴(不眠不休)의 활동, 기타 외로운 경험을 겪은 뒤에 상관 및 부하에 대하여 쾌활한 태도를 보이는 것은 다소 어려운 일이지만, 동료에 대한 모난 말이 모난 행동을 불러오듯이 쾌활은 쾌활을 가져온다. 3개월에 걸쳐 헌신적인 열의와 밝은 쾌활함이라는 두 가지 약을 복용하고자 하는 해군장교는 그 성과에 놀랄 것이다."라고 하며 열의는 전염되는 것이라고 말한다.

조울증을 가진 상관만큼 부하의 입을 다물게 하는 것은 없다. 『리더십』에서는 또한 이렇게 기술하고 있다.

"부하는 항상 시종일관의 태도를 견지하여 요행을 바라는 행동을 하지 않는 상관을 높이 평가한다. 세상에서 가장 다루기 어려운 사람은 끊임없이 하나의 극단(極端)에서 다른 쪽 극단으로 이동하여 변하는 사람이다. 우유부단함은 절대 안 된다."

제3장 · 정보전달(情報傳達)의 기본매뉴얼

– 비상사태 발생 시, 취해야 할 적절한 행동 –

현장지휘관은 야생마 근성이 필요하다

대부분의 경우, 현장지휘관은 발생한 사건이나 구조 요청, 의뢰나 신고를 최초로 보고 받는 중요 관계자이다. 적어도 현장에서 그것을 체험한 부하로부터 최초로 보고를 받는 관리직이 현장지휘관인 것이다.

중간관리직, 특히 군대의 소·중위에 해당되는 초급지휘관이 젊어서부터 습관적으로 또는 소극적으로 무사안일주의에 빠져 있다면 그런 지휘관은 절대로 상급 리더가 될 수 없다.

특히 현장지휘관이 된 경우에는, 그 누구보다도 빨리, 많이 그리고 질 높은 정보를 입수하려는 적극적인 의욕을 가져야 한다. 필자는 이런 '적극적 의욕'을 '야생마 근성'에 비유코자 한다. 하나의 예를 들어보겠다.

한 순찰주임 경부보가 파출소를 순시하고 있었다. 그때 한 시민이 숨을 헐떡거리며 파출소에 뛰어 들어와, "경찰관, 큰일 났습니다!"라고 첫 제보를 하였다. 순간 경부보(현장지휘관)가 취해야 할 행동은 무엇일까?

우선 '가 보자'라고 하는, 마치 감긴 용수철이 튕겨져 나갈듯한 순발력을 발휘하여 직접 현장을 살피러 가는 자세가 중요하다. 제보자에게 이것저것 물어 정보를 얻는 것보다는 직접 정보를 확인하는 것이 먼저이다. 물론 1차 제보자를 통해서도 질 높은 정보를 얻을 수는 있겠지만, 가능하면 스스로가 1차 정보원이 되려고 노력하는 것이 현장지휘관이 갖추어야 할 기본자세이다.

『해군차실사관수칙』의 '함내생활 일반수칙'에는 다음과 같은 문구가 있다.

> "뭔가 변화된 것이 일어나거나, 아니면 뭔가 변화될 조짐이 보일 때는 주야를 막론하고 제일 먼저 달려가 보라."

맨더린 증후군

젊으면서도 묘하게 노련미를 풍기는 젊은 간부 중에는 "비상사태에는 냉정 침착하고, 평상심(平常心)을 지니고 대처하라."는 교훈을 잘못 이해하여 "부하로부터 보고를 기다린다."라는, 소위 '정보대기'의 자세를 지니려고 하는 자가 있다.

내가 예전에 근무했을 때의 일이다. 어떤 사건이 터졌을 때, 나는 직속부하에게 신속한 정보 보고를 요청하였다. 그러나 내가 들은 신속한 보고는 "아직 보고를 받지 않았습니다."이었다. 나는 이것을 '맨더린 증후군(北京大官 症候群)'이라고 부른다. 관료주의 침투의 정도를 조사하기 위한 리크머스 시험지와도 같다.

그때, 나는 "자네는 '보고를 받지 않습니다.'라고 대답하기에는 20 년이나 젊다.…" 라고 꾸중하였던 것이다.

'한신 대지진(고베 대지진)'이 일어났을 때, 이러한 급한 정보가 무라야마 도이치 총리의 귀에까지 도달한 것은 지진 발생 2시간을 경과한 오전 11시 반경이었다고 한다. 더욱이 내각의 중추인 이가라시 관방장관에게는 전혀 보고가 되지 않았다. 그는 TV 뉴스로 지진 발생을 알았다고 한다.

한신 대지진이 발생하기 전, 즉 정확히 1년 전인 1994년 1월 17일 로스앤젤레스 대지진이 일어났을 때 미국 대통령은 15분 후에 보고를 받았고, 1시간 후에는 대책본부가 설치되어 주(州) 방위군에 출동 명령이 내려졌다. 비상사태가 일어났을 때, '지휘관 선두(Follow me)'의 앵글로 색슨식 리더십과 농촌 공동체의 전형적인 일본식 리더십의 차이를 이만큼 극명하게 보여주는 예가 없다.

측근의 보좌관들도 '아직 보고를 받지 못했습니다'라기보다는 부하의 보고를 기다리지 않고 적극적으로 개입하여 '어떻게 되었어?'라고 문의를 하지 않으면 안 된다. 한마디로 현장지휘관은 '왔노라, 보았노라, 이겼노라'라는 식으로 현장에 뛰어들어 직접 자신의 눈과 귀로 발생한 사실을 확인하여야만 상황대처에 있어서 유리한 입장에 설 수 있다.

미츠비시 중공업 폭파사건의 순간

1974년 8월 30일 정오경 '동아시아 반일(反日) 무장전선'의 테러리스트 집단 '대지(大地)의 어금니', '늑대', '전갈'에 의한 연속 기업폭파 사건의 최초 사건이었던 미츠비시 중공업 폭파사건이 발생했던 때의 일이다.

8월 16일 발령이 나서 나의 후임자가 된 미시마 겐지로 외사과장과 함께 문세광사건(필자주: 조총련계 재일교포 문세광이 오사카의 파출소에서 경찰관의 권총을 훔친 뒤, 서울로 건너가 예년과 마찬가지로 8월 15일 광복절 행사에 참가한 박 대통령을 저격, 총탄은 영부인에게 명중 사망, 한일국교 단절 직전까지 간 대사건)의 국회 답변 요령 등에 관하여 협의하던 중, 꽝! 하며 전신을 뒤흔드는 것 같은 폭발음이 일어났다.

"무엇인가? 지금 난 소리는?" 하면서 미시마와 얼굴을 마주보던 나는 바로 사무실로 전화를 걸어 "지금 무슨 일이 생겼는가?"라고 물었다.

물론 대답은 "아직 보고를 받지 못했습니다."였다. 당시 최고재판소의 낡은 청사를 해체시키고 있던 중이었으므로, "위험하지 않나, 한낮에 이 관청가의 한복판에서 다이너마이트 폭파를 하고 있지 않나?" 등등을 얘기하고 있는 순간에 들어온 최초 보고가, '택시 충돌, 프로판가스폭발, 사상자 수명'이었다.

이상했다. 아무래도 폭발음이 너무 컸기 때문이었다. 5층의 경비국 방에서는 아무것도 보이지 않았다. 심상치 않음을 느낀 나는 "누군가 옥상에 올라가서 주위를 살펴보라."고 명령했다. '그렇게 큰 소리가 났다면, 무언가 흔적이 보일 것'이라는 생각에서였다. 현장 육안 확인 보고에 의하면, 긴자의 마루노우치 방향에서 폭파 후 연기가 피어 올라오고 있다는 것이다.

나는 바로 경비국장실로 달려갔다. 경비국장은 점심식사를 하기 위해 외출하려는 중이었지만, 나는 "국장, 이것은 택시 충돌이 아닌 것 같습니다. 폭탄테러라고 생각합니다. 그렇다면 우리(경비국)의 임무이므로 외출을 중지하고 대기 바랍니다."라고 의견을 제시하며 국장을 국장실에 대기시켰다.

그런 다음, 나 자신이 바로 현장으로 달려가 내 눈으로 상황을 확인했다. 사망 8명, 중경상 385명이라는 인명피해가 난 그 처참한 현장은 그 때까지도 아련하게 연기가 피어오르고 있었다. 과연 그것은 연속 기업폭파사건이라는, 비겁하고 잔인한 폭탄 테러 투쟁의 불길한 개막으로서, 그 후 1975년 5월 범인들이 체포될 때까지 9개월간이나 괴로운 경비와 수사의 하루하루가 계속되었다.

'전보(電報) 게임의 함정에 빠지지 말라'

자신이 목격하고 귀로 듣는 현장 정보는 신빙성이 가장 높은 '제1차 정보'이다.

당사자, 즉 사건의 가해자와 피해자, 교섭에 직접 개입되는 사람, 관계자의 발언을 직접 들은 사람 등, 소위 증인의 적격성, 증인 능력이 있는 사람을 정보원으로 하는 정보도 '제1차 정보'에 준하는 정확도를 갖고 있다.

그러나 소위 '전문(傳聞)', 즉 '전해들은 정보'가 되면, 그것을 믿고 행동으로 옮기기 전에 반드시 한번쯤은 재고해보아야 한다. 말하자면 거짓말이나 억측, 또는 정보원(情報員) 불명의 정보에 미혹되어서는 안 된다.

'전보(電報) 게임'이라는 놀이가 있다. 한쪽 끝에서 다음 사람에게, 입에서 귀로 '육하원칙(六何原則: 5W·1H)'의 정보를 전하여, 다른 끝 쪽에 있는 사람에게 '얼마나 틀리게 전달되는가?'를 즐기는 게임이다.

실제 현장에서도 이 '전보 게임'같은 착오가 일어난다. 사건이나 사고의 현장에서는 평소의 업무같이 시간을 갖춘 보고를 할 수 없다. 목격자로부터 나온 직접 보고라 하여도 그것은 항상 불충분하고 부정확하다. 따라서 현장지휘관은 확신을 바탕으로 제1차·준1차 정보는 그대로 본부에 보고하는 것이 좋지만, 만일 전해들은 정보라면

'전문(傳聞)'이란 것을 첨언하여 보고해야 한다.

나쁜 보고일수록 빨리 하라

칭기즈칸이 지휘했던 몽골군에는 '야삭'이라 불리는 엄격한 규례(군율)가 있었다고 한다.

군의 지도자 야율초재(耶律楚材)가 몽골의 관습법에 칭기즈칸의 훈령을 추가하여 성문화한 것으로 '간통', '거짓말', '물에 방뇨(放尿)하는 행위' 등은 모두 사형에 처하는 무시무시한 엄벌주의의 법률이다.

그 법률 중에 하나로 '불길한 보고를 가져오는 사자(使者)는 참수하라'는 것이 있었다고 한다. 이것은 패전 보고가 불필요하게 확산되어 사기를 저하시키지 않도록 하기 위해서인지, 아니면 샤머니즘에 따른 것인지 분명하진 않다. 아무튼 '나쁜 보고를 하는 자는 참수 된다.'라고 하는 무시무시한 법률이 현대 관리사회에서는 분명히 적용되고 있지 않지만, 희한하게도 진짜 나쁜 이야기는 본부의 상층부에 꽤나 보고되지 않는 것이다.

현장지휘관은 이러한 '야삭' 규례에 따라서는 안 되며, 부하가 보고하는 나쁘지만 진실한 이야기를 질책하지 않고 들어야 하는 의무가 있다. 이 점에 관하여, 5세기에 70만 기마군단을 이끌고 유라시아 대륙을 석권한 훈족(흉노족)의 '아틸라' 대왕은 정반대의 유훈을 남기고 있다.

아틸라 대왕은 야영 중 모닥불을 둘러싸고 앉아 리더십에 관하여 교훈을 설파하여 부하 지휘관들에게 이렇게 말했다고 한다.

> "현명한 족장은 나쁜 정보를 보고하는 부하를 결코 처벌하지 않는다. 오히려 나쁜 정보를 보고하지 않는 부하를 처벌한다."

현장지휘관은 부하의 나쁜 보고를 꾸중하지 말고 들으며, 이를 의무라고 생각하는 마음을 지녀야 하며, 상관에게도 보고하는 용기를 가지는 것이 바람직하다.

고토다 마사하루 전 관방장관의 '오계(五戒)'

1986년 7월 1일 내각강화를 위해 내각에 5실(내정, 외정, 안보, 정보조사, 공보)이 설치되어, 나는 이른바 5명의 '총리대신 특별보좌관' 중의 한 사람인 내각안전보장실장에 임명되었다.

그때 당시의 관방장관 고토다 마사하루 씨가 우리 다섯 명의 실장들에게 다섯 가지의 수칙을 훈시하였는데, 그것은 다음과 같았다.

1. 해당 부처의 이익을 잊고 국익을 생각하라.

2. 싫은 사건, 나쁜 보고를 하라.

3. 용기를 가지고 의견을 개진하라.

4. 자신의 일이 아니라고 하지 말고, 자신의 일이라고 생각하여 싸우라.

5. 결정이 내려지면 따르고, 명령을 바로 실행하라.

특히 제2항은 매우 이례적인 훈시하였지만, 이것은 강한 조직을 만들고 리더의 지휘력을 제고시키기 위한 매우 중요한 보좌관들의 수칙이다.

또 현장지휘관은 이미 상관이 TV 보도나 다른 루트로 보고를 받아 알고 있다고 생각하는 정보에 관해서도 '생각을 위하여' 또는 '이미 아시고 계시지만'이라고 하며, 조그만 정보라도 빠뜨리지 않도록 하는 확인 다짐의 정보 보고를 현장에서 순서에 따라 보고해야 한다.

긴급 시에만 '우회 보고' 하라

평상시에는 '건너뛰는 보고', '건너뛰는 결재'(중간관리자를 거치지 않고 by pass 하여 보고하고 결재하는 것), 또는 그 반대로 '건너뛰는 명령'은 조직의 지휘감독 질서를 혼란시키기 때문에 금지 사항이다.

이에 관해 『해군차실사관수칙』 '부하지도에 관해서'에서는 이렇게 쓰여 있다.

"어쨌든 우회 보고를 자제하라. 일시적으로 편리한 것 같지만, 매우 나쁜 결과를 가져온다. 이를테면 분대사를 건너뛰어 분대장이 직접 선임하사관에게 명령한다면, 분대사가 되는 자는 어떠한 느낌을 받을 것인가? 이것은 한 예에 불과하지만, 반드시 순서를 거쳐 명령을 받고 또한 명령을 내리는 것이 필요하다."

그러나 돌발사태가 생겼는데 마침 직속상관이 휴가나 식사 때문에 외출했다거나, 출퇴근 중이거나, 병으로 인해 입원했다거나 등 부재 시에는 현장지휘관은 말할 것도 없이 우회 보고를 하지 않을 수 없다.

이 점에서 대하여 미 해사생도 필독서 『리더십』은 'By pass 하는 것'이라는 표제로, '건너뛰는 명령'에 관하여 보다 정중하게 "평시에는 반드시 서열을 지켜라, 긴급 시 초급장교는 어쩔 수 없이 By pass 하라. 다만 By pass한 상관에게 틈이 나는 대로 기민하게 연락하라."며 다음과 같이 가르치고 있다.

'바이패스(By pass)'의 기본 룰

지휘 계통에 있어 한 사람 또는 두 사람 이상을 뛰어넘는 것을 '바이패스'라고 한다.

해군에서는 의사전달과정에 있어서 어느 누구라도 필요한 경우에는 중간단계를 거치지 않고 부하에게 직접 전달할 권리가 있지만, 긴급사태의 경우를 제외하고는 이 권리를 결코 행사할 수 없다. 그 이유는 다음과 같다.

첫째, 바이패스 당한 사람은 상관의 신뢰가 없다고 생각하여, 상관과 부하 간에 섭섭함을 품을지도 모른다(필자주: 현실적으로, 상관을 원망할 수 없으므로 바이패스 당한 사람의 굴절된 분노는 대개 죄 없는 부하에게 돌아가게 되는 것이다).

둘째, 바이패스 당한 사람은 장차 유사한 상황에서 똑같은 행동을 취할 가능성이 있다. 즉 '이전에 상관은 나에게 의논도 하지 않고 처리하지 않았던가.'라는 것을 떠올리기 때문이다.

비상사태의 경우 책임 있는 장교는 반드시 긴급하게 조치(우회 보고·명령) 해야 하지만, 가능하면 그 과정에서 바이패스한 사람에게 사정을 설명해야 한다. 상관은 단순한 일상적 업무에 대하여, 필요시 바이패스를 인정할 경우에는 하급자에게 권한을 위임해야 한다.

그러나 기타 어떠한 사정 하에서도 바이패스 관행이 없어야만 명령체계를 효과적으로 유지할 수 있다. 위에서부터 밑으로의 방식을 거꾸로 하여 한 사람 내지 두 사람의 상급 장교를 바이패스 하는 것도 비상사태를 제외하고는 불쾌한 결과를 가져올 수 있다. 긴급 시에 초급장교는 어쩔 수 없이 바이패스한 상관에 대하여도 즉각 기민하게 연락해야 한다.

유조선 유요마루(雄洋丸) 화재 표류사건

1974년 11월 9일, 동경만의 우라가 수로(水路)를 항해 중이던 유조선 유요마루(43,723톤)가 라이베리아 화물선 퍼시픽 어레스호(10,847톤)와 충돌한 해난사고가 발생했다.

유요마루에 적재된 나프타, 천연가스 등 2만 톤에 불이 붙어 큰 폭발이 일어났고, 거대한 화염을 내면서 화재가 번져 33명의 사망자가 발생한 사건이다.

포기된 유요마루는 불에 타면서 동경만(灣)을 표류하기 시작했다. '우라가' 수로는 하루 평균 800여 선박이 왕래하는 세계에서 가장 과밀한 항로였기 때문에, 이 사태는 해상교통의 안전에 중대한 위험을 야기하는 해난사고로 발전되었다.

해상보안청의 순시선이나 소방정은 총력을 기울여 진화에 노력했지만 선박은 진화되지 않았고, 부득이 운수성 해상보안청은 방위청 해상자위대에 '유요마루'를 침몰시켜 달라는 지원을 요청하였다. 해상자위대 소속의 자위함대는 흡사 천재일우와 같은 실탄, 실 어뢰 발사의 기회를 맞아 용감히 출동하여 11월 22일부터 동선박의 침몰작전을 개시, 사격과 어뢰공격을 반복했지만, 이 선박은 좀처럼 침몰되지 않았다.

LPG 액화석유가스 대형 탱커선인 유요마루는 방수구역(防水區域)이

많아, 배 중앙[船腹]에 포탄을 맞더라도 빨리 침수되지 않는다. 구레의 어뢰조정공장에서 긴급하게 조립된 채로 운반된 어뢰는 반드시 명중시킬 수 있는 거리에서 발사하더라도 심도(深度: 어뢰가 폭발하는 깊이)와 침로(針路: 어뢰가 나가는 방향)가 제대로 맞지 않아 거대한 탱크선인데도 명중시키지 못하였기 때문에 여론은 해상자위대의 훈련수준을 의심하면서 '해상자위대는 도대체 뭘 하고 있나?'라는 비난이 들끓었다.

그러한 와중에, 드디어 11월 28일 유요마루는 침몰했지만, '유요마루 격침'이라는 대망의 보고가 당시의 방위청장관의 귀에 도착한 것은 부하로부터의 보고에 의해서가 아니라 '협조에 감사합니다.'라고 하는 해상보안청 장관의 인사 전화에 의한 것이었다고 한다.

불타는 대형 탱커선 유요마루

방위청 장관은 "왜? '침몰 시켰습니다.'라고 하는 간단한 보고가 지연되었는가? 어째서 이러한 보고를 해상보안청으로부터 받아야 하나?"라고 화를 내며 조사를 명령했다고 한다. 조사결과에 의하면, '우회 보고 금지' 룰에 충실하여 꽤 많은 사람들의 손을 거쳤기 때문에 해상보안청의 인사치레보다 늦었다는 것이었다.

침몰을 확인한 호위함 함장은 인근 함에 승함 중인 호위대사령(함정 2척이 1개 호위대 편성, 전대장)에게 암호전보를 보낸다. 암호를 해독한 호위대사령은, 또 암호로 조립하여 호위대 군사령(郡司令: 8척의 사령관)에게, 호위대 군사령은 마찬가지 절차로 호위함대사령관(32척의 사령관)에게, 호위함대사령관은 자위함대사령관(수상함정 전부 및 잠수함대·대잠초계기 등 항공기 전부를 관장하는 사령관, 구 연합함대사령관)에게…

이런 과정을 거쳐 유요마루가 침몰되었다는, 특별히 비밀도 아닌 사실 보고가 매우 관료적인 이유에서 하의상달(下意上達)이 빨리 되지 않았던 것이다.

'미그25' 망명사건과 원자력 상선 '무츠호'의 소동

1976년 9월 6일 소련의 최신예 전투기 미그25가 하코다테(홋가이도 남부 도시)에 강행(強行) 착륙하여 조종사 벨렘코 중위가 미국 망명을 신청하였다.

일본의 방공시스템의 결함이 노정(露呈)되어 레이더망의 개선, 유사시에 대비한 법제논쟁, 항공자위대의 주력전투기 기종이 F-4에서 F-15로 전환되는 등 많은 문제의 발화점이 되었던 특수한 망명사건이었다.

특히 정보 보고 전달과정에서도 유요마루 사건과 마찬가지로 매스컴의 보도가 선행되었으며, 또 당시의 방위청장관이 출장 중이어서 일본의 국가안전보장 측면에서나 일·소 외교관계 측면에서 볼 때 매우 중요한 사건임에도 불구하고 최초의 보고가 장관의 귀에 도달한 것은 사건 발생 후 2시간이 경과한 후였다.

1974년 9월 1일, 아오모리현 무츠항을 모항으로 하는 일본 최초의 원자력 추진선 '무츠호'가 태평양에서 출력실험 중, 원자로부터의 방사선 누출이 판명되어 해상시험이 중지되었다. 모항인 무츠시에서는 원자력선 '무츠'의 모항반대 총궐기집회가 열렸고, 귀항저지 투쟁이 전개되었다.

나는 경찰청 경비국 경비과장이었지만, 경찰청 대표로서 아침부터 이 회의에 참석하였다. 그러나 이때까지는 방사선 누출 사실은 아직 보고되지 않았고, 회의의 목적은 과거부터 격렬했던 모항반대세력의 폭력적인 방해 행동을 어떤 경우라도 배제하고, 원자력선 '무츠'의 출력시험을 성공시키느냐 하는 것이었다.

정부의 방침은 일본의 장래 운명을 좌우하는 에너지 정책의 전환점으로서 단호한 신념을 가지고 무츠항을 중심으로 일어나고 있는 실력저지행동을 규제한다는 것이었다.

이 '무츠호' 사건을 이해하려면 당시의 시대적 배경을 알 필요가 있다. 1974년은 '석유위기'의 해였다. 중동 산유국의 유전채굴가능 연한은 앞으로 30년이라는 설이 빈번하게 거론되었기 때문에, 자원의 99%를 해외수입에 의존하는 자원소국 일본으로서는 석유를 대체하는 저공해 에너지원인 원자력 에너지의 평화적 이용이야말로 일본 경제의 활로라고 생각하였다.

그 에너지 정책의 대전환에 즈음하여 실시된 원자력선 '무츠'의 실험은 비교될 수 없는 의의를 갖고 있었다.

일본의 장래를 위하여 경찰과 해상보안청은 먼지와 진흙을 뒤집어쓰고서라도 무츠항 주변에서 일어나고 있는 폭력사태를 막고 주동자를 검거하는 것이 바람직하다는 모리야마 긴지 과학기술청 장관의 요청을 받은 나는 회의종료 후 경찰청 상층부에 보고하여 승인을 받고서 동북관구 경찰국에 동북관구 기동대를 동원하여 아오모리현 경찰본부에 지원 파견할 것을 의뢰하고, 아오모리현 경찰본부장과 '무츠반대투쟁'의 경비 기본방침 등에 관하여 전화로 의논하고 있었다.

그러한 와중에서, 정오의 NHK 뉴스를 비롯하여 각 TV 방송국은 "원자력선 '무츠', 해상에서 출력시험 중 원자로에서 방사선 누출, 해상시험 중지"라는 뉴스를 일제히 보도했던 것이다.

나는 격노했다. 과학기술청은 이 사실을 알면서도 우리에게 알리지 않고, 경찰력에 의한 진압을 요청한 것이 마치 뜨거운 불속의 밤톨을 줍게 하는 짓이 아닌가라고 생각했기 때문이다.

당시는 상당히 혼란스러운 시기였다. 1967년 10월 8일 제1차 하네다투쟁 이래, 반안보(反安保), 베트남 반전(反戰) 무력투쟁이 계속되고, 아사마 산장 사건, 요도호, 두바이 일본 적군파 공중납치 사건, 싱가포르 일본 적군파 해상납치 사건, 김대중·문세광 사건 등 국내외적으로 큰 사건이 계속하여 일어났던 때의 이야기이다. 완전히 평화가 소생하고, 질서가 회복되어 체제가 확립된 오늘날에 그런 일을 했다면 왈가왈부하며 큰 소란을 피울 것이지만, 격노한 나는 모리야마 과학기술청 장관에게 직접 전화하여 엄중 항의하였다.

울리지 않았던 핫라인의 붉은 전화

"장관님, 저는 비록 과장 직위밖에 안 되지만, 경찰청을 대표하여 회의에 참석했습니다. 지금 뉴스를 들어보니 원자력선 '무츠'는 방사선 누출로 시험을 중지했다고 하지 않습니까? 왜 우리들에게 숨겼습니까? 이미 동북관구 기동대에는 출동명령을 내렸고, 아오모리현 경찰에도 위법행위는 간과하지 말고 검거방침으로 임하라고 지시하였습니다. 그러나 방사선 누출이라고 하면 얘기가 달라집니다. 우리들 경찰이 판단착오를 한 것이 아닙니까? 나는 상관에게 설명하지 않으면 안 됩니다. 이것을 어떻게 설명해야 할지 말씀해 주십시오."라고 하니, 장관은 다음과 같이 말했다.

"삿사 군, 그렇게 화내지 말게. 실은 나도 1억 1천만 국민과 더불어 NHK의 보도에서 처음으로 듣고 알아 화를 내고 있다네."

"그러나 장관님, 오늘 아침에는 장관실 데스크 위에 붉은 잔화를 가리키며, '이것이 뭔지 알겠는가? 원자력선 무츠 선장과의 핫라인이네. 뭔가 일이 일어나면 바로 이것이 울리지.'라고 자랑스럽게 말하지 않았습니까? 그렇다면 그 전화가 울리지 않았다는 말입니까?"

이렇게 추궁하는 나에게 모리야마 장관이 대답했다.

"그것은 울리지 않았네."

뒤에 알았지만, 편승하여 취재하던 기자들이 '무츠'의 통신수단을 강제로 사용하여, 선장 이하 승조원이 과학기술청에 보고하기도 전에 각 매스컴에 정보를 흘렸다는 것이지만, 그래도 다분히 '우회 보고를 삼가하라'는 평시의 룰에 얽매어, 과장→참사관→국장→차관이라는 순서를 지켜서 보고하였기 때문에 정보가 지연되었던 것이다.

최소한 이런 상황에서는 현장지휘관이 용기를 내어, 두 서너 이상의 계급을 뛰어넘어 '우회 보고'를 해야만 했다. 왜냐하면, 장관 탁상 위에 핫라인 붉은 전화가 있었기 때문이다.

이처럼 모순된 조직의 정보 보고는 간혹 중간관리직을 곤경에 빠뜨리게 한다.

고위층은 사건이 발생하여 정보 보고가 지연되는 경우에는 "지금부터 중대한 보고는 바이패스하여 직접 나에게 하라."고 엄명한다.

앞에서 말한 것처럼 부재중의 상관을 서너 계단 뛰어넘어 '바이패스' 보고를 하면, 뒤에 반드시 바이패스 당한 상관에게 호출당하여 "왜 보고를 건너뛰었나? 기분 나쁘다. 두 번 다시 나를 바이패스 하면 상부에 보고하여 용서하지 않겠다."라고 질책한다. 그러다 보면 평상시가 아닌 진짜 위급 시에는 보고가 지연되는 악순환이 일어나고 마는 것이다.

'우회 보고 매뉴얼'을 작성하라

거듭되는 일본 적군파 해외 공중납치 사건을 거치면서, 앞에서 언급한 악순환을 경험하던 중에 고안한 것이 '우회 보고 매뉴얼'이다

이미 언급했지만 1986년 7월 1일 내각의 위기관리능력 강화를 위하여 40년 만에 내각법이 개정되어, 나카소네 내각의 고토다 관방장

관의 발상으로 내각에 내정, 외정, 안보, 정보조사, 홍보의 5개실이 설립되었다.

그중에서 내가 담당한 내각안전보장실은 '국가의 안전에 관계되는 중대한 긴급사태'를 다루는 곳이었다. 이를테면 다카 사건과 같은 국제적 공중납치 사건, 미그25기 망명사건과 같은 특수 망명사건, KAL기 격추사건과 같은 특수국제사건, 치안문제를 수반하는 관동대지진과 같은 대규모 재해 등을 관장하는 부처였다. 당연히 모든 긴급 사건은 내각안전보장회의를 통한 결정으로 이루어지며 의장은 내각총리대신(수상)이었다.

나는 몇 가지 주요 사건을 거치며(공중납치 사건이나 미그25기 망명사건) 경험과 교훈을 살려, 중대한 사건의 보고과정 중 부재중의 상관을 건너뛰고 가능한 신속한 정보를 내각관방장관, 내각총리대신에게 보고하기 위하여 '우회 보고 매뉴얼'을 작성하였다.

한마디로 말해 이 매뉴얼의 취지는 "긴급사태 발생 시, 현장지휘관은 우물쭈물하지 말고 '바이패스' 보고를 하라. 단 그 후에 가능한 빨리 바이패스 된 상관(또는 상관들)에게 기민하게 보고하라."는 것이었다. 여기서 중요한 것은 "부득이하게 바이패스 한 부하를 질책하지 않는다."라는 룰을 평소부터 조직 내에 확립해 두는 것이다.

가능하면 성문의 매뉴얼로 하여 문서화해 두는 것이 부하들로서는 안심할 수 있는 시스템으로 환영받을 것이다.

소재정보(素材情報)에 의견을 덧붙이지 말라

소재정보(素材情報: 최초의 기초정보)는 그대로 개인의 의견이나 해석, 억측을 부가하지 않고 상관에게 보고하는 것이 좋다.

'들은 그대로', '상대가 말한 그대로 전합니다.', '보았던 그대로 상황을 보고합니다.'라고 하면서 가능하면 충실하게 전달하고 묘사하여 사실을 재현하는 것이다. 어떠한 정보가 자신이 판단하기에 보고가치가 없다고 생각되어 멋대로 생략한다면 이는 큰 오산이다.

소재정보에 불필요한 해석이나 해설, 의견을 첨가하여 보고하면, 제1차 정보가 있는 그대로 전해지지 않고 가지를 쳐 제2차, 제3차로 이어지면서 정보의 근원에서 멀어지게 되며, 소재정보와 보고자들의 억측이 뒤섞여 객관성을 잃게 된다.

현장지휘관은 있는 그대로를 정확히 보고하고, 이에 더하여 상관이 의견이나 해석을 구하게 되면 자신의 생각을 별도로 개진하면 된다. 아니면 소재정보의 보고를 마친 다음, '의견을 제시합니다.'라고 확실히 말하여 자신의 의견을 상신하는 것이 좋다.

내가 실제로 경험한 일화를 소개한다.

1970년 11월 25일, 자위대의 이치가야 주둔지에서 미시마 유키오가 이끄는 '방패 모임'의 회원이 육상자위대 동부방면 총감부실에서 총감을 인질로 삼아 농성하며, 자위대에 소화유신(昭和維新)을 위하여 궐기할 것을 부르짖고, 난장판을 만들며 미시마 유키오와 모리타 히츠쇼가 할복자살을 하였다. 이것이 소위 말하는 '미시마 유키오 사건'이다.

그때 현장에서 경비무선(警備無線)으로 '긴급, 긴급'이라고 하며 수신된 긴급보고가, 이 소재정보와 해석이 혼동된 정보전달의 좋은 예이다. 보고자가 숨을 헐떡거리며 현장에서 경시청본부에 통보한 보고는 "미시마 유키오는 할복하고, 옆 사람이 목을 쳐주어 목이 떨어졌다. 생사는 불명!"이라고 하는 것이었다.

본부에서는 난처해졌다. '살아 있을까', '생사는 불명… 이라고 했는데, 어찌된 건가', '그러나 목이 잘렸다고 했는데', '목이 반 정도 잘렸단 말인가?'

어쨌든 '생사가 불명'이라면 현장검증이나 실황확인보다 또한 다른 어떤 일보다도 죽지 않도록 하는 것이 위기관리의 최우선과제이다. 그러므로 본부에서의 긴급명령은 '구호조치를 취하라'였다. '생사는 불명'이라는 것은 보고자의 위치에서는 '현장이 보이지 않으며, 보고자인 나는 사망을 확인하지 못했어요'라고 하는 뜻일 것이다. 어떤 의미에서는 정직한 보고이다.

사건 발생 직후, 나는 츠치다 경무부장 겸 부총감에게 불려가, "미시마 유키오는 자네의 친구이지? 현장에 가서 설득하여 보게."라는 특명을 받았다. 현장에 급히 가서 보고 알았던 것이지만, 동부 방면 총감실의 통로측 창에는 안쪽에서 선동연설의 내용을 알리는 커다란 포스터가 붙어 있어 방안이 잘 보이지 않게 되어 있었다.

　내부 정황을 관찰하는 사람은 의자를 복도에 쌓아올려 포스터가 붙여져 있지 않는 창의 위쪽 유리를 넘어 내부를 보고, 아래에 대기하고 있던, 즉 안쪽이 보이지 않는 현장지휘관이나 무선통신담당자에게 구두로 상황을 전달했기 때문에 '생사는 불명'이라고 보고된 것 같았다.

　이 혼란스런 정보 보고의 소용돌이 속에서 당시 경비 제1과 현장정보담당 과장대리였던 우다 경시의 무선보고가 있었다. 이 보고야말로 냉철하게 현장을 한 마디로 묘사하였던 모범적인 현장정보로서, 내가 알고 있는 한 그 후, 이것을 능가하는 보고는 없었다.

　"미시마 유키오의 목과 몸뚱이의 거리 약 1미터… 이상!"

　그렇다면 생사는 불명인지 아닌지 의심할 여지가 전혀 없다. 누가 듣더라도 목숨이 끊어진 것이라고 판단할 수 있을 것이다.

'남편은 갈 수 없고, 나는 가능하다'

　여담이지만, 앞서 말한 '… 목이 떨어졌다. 생사는 불명'이라는 신기한 보고는 그 내용 그대로 당시 국가공안위원장 아라키 씨에게도 비서관을 통하여 보고되었다.

　그것을 들은 아라키 씨는

"조금 이상하지 않은가? 보통 목이 떨어지면 죽는 것이 아닌가?"
라고 고개를 가로저었다는 에피소드가 남아 있다.

사건보고로서 역사에 남은 간단하면서도 확실한 실례는 1876년
10월 24일 구마모토에서 오다 구로토모, 가오 하루카다가 이끌고
있는 '신풍연(新風連)'이 궐기하여 첩과 취침 중이던 구마모토 지역사
령관 '다네다 마사아키' 육군소장을 습격하여 참살시켰을 때, 부상당
했지만 살아남은 첩인 고가츠가 가족에게 사건의 전말을 통보한 아
래의 전보이다.

"남편은 갈 수 없고, 나는 가능하다"

미시마 사건의 현장인 육상자위대 이치가야 주둔지의 동부방면
총감부에 내가 도착했을 당시, 때는 이미 늦었고 사건은 끝나 설득의
기회는 없었다. 실황 파악을 위해 책상으로 통로를 막아둔 붉은 카펫
을 밟고 총감실에 들어가, 시체에 가까이 다가갔을 때 발밑의 카펫이
쩍하고 소리가 났다.

방바닥에 뒹굴어져 있는 두 사
람의 시체에서 흘러내린 피가 붉
은 카펫에 흡수되어 있었고, 바
닥의 색깔이 진홍색이어서 피를
볼 수 없었던 것이었다.

그 피가 스며든 붉은 카펫이
구두 바닥과 접촉하여 소리가 났

이치가야 주둔지에서 자위대에 궐기를
호소하며, 할복직전 최후의 연설을 하는
미시마 유키오

을 때의 기분 나쁜 감촉은 아직도 잊을 수 없다.

위기관리에 서툴거나 위기관리와 관계없는 사람들은 의심나는 엉뚱한 보고를 듣게 되면 냉철함을 잃게 되지만, 현장지휘관에게는 이러한 사태를 냉정하고 객관적으로 관찰할 수 있는 냉철함이 요구되는 것이다.

정보 전달은 표준말로

정보 전달에 있어서 오전(誤傳) 오보(誤報)의 원인은 몇 가지 있지만, 보고자의 방언, 지방사투리, 직업상의 은어, 전문용어, 머리글자를 따서 만든 약칭, 어느 특정 조직의 특수용어 등이 혼란을 일으키는 원인이 되는 수가 있다.

이런 사실을 명심하여, 정보 보고를 할 때에는 가능하면 누구라도 알 수 있는 쉬운 표준어를 사용하는 것이 바람직하다. 과거의 실례를 들어 예증하여 본다.

1969년 4월 28일, 동경도 내에서는 극좌과격파의 베트남 반전투쟁이 격렬한 가두무장행동의 형태로 전개되었다. 약 3천 명의 과격파 집단은 신바시역에 결집하여 가스미가세키 관청가에 돌입, 점거를 목적으로 화염병이나 돌을 던지거나 몽둥이, 쇠파이프를 휘두르며 기동대의 저지선을 습격했고, 이에 따라 국영전철 야마테선과 중앙선도 마비상태가 되었다.

오후 4시경, 경시청 본부 5층에 설치된 '최고경비본부'에 현장 기동대 지휘관으로부터 '에비스역(驛)에 카빈총을 가진 과격파 30명!' 이라는 긴급 보고가 들어왔다.

드디어 카빈총이 등장했는가? 중대한 국면이다. 통상장비로 무장한 기동대에서는 방탄조끼나 방탄방패도 갖고 있지 않았으므로, 카빈총으로 무장한 과격파에게는 대항할 수 없다.

'방탄조끼와 방탄헬멧을 갖춘 특수부대를 출동시켜라! 라이플반대기!' 등으로 경비본부는 소란을 떨었다.

당시 나는 경비 제1과장으로서, 이 경비의 전반적 지휘를 맡고 있었다. 과격파가 카빈총을 갖고 나왔다는 것은 자위대 어느 기지의 무기고가 습격당해 탈취당한 것인지 아니면 잠입하여 훔친 것인지 긴급한 조사가 필요하다고 나는 판단했다.

카빈총을 갖고 있는 곳은 자위대밖에 없다. 자위대에 조회하는 등 대소동을 벌이고 있는 중에 속보가 들어왔다.

"정정(訂正), 앞서 보고한 '카빈총'은 '화염병'의 착오였음."

"뭐? 화염병? 이런······" 하며 비로소 일동은 안심했다. 그 중에는 웃는 자도 있었다. 나도 실소하면서 "왜 화염병이 카빈총으로 둔갑했는지 나중에라도 좋으니 조사해 보라."고 지시하였다. 조사 결과는 사투리로 판명되었다. 중계 보고를 한 자들 중에 이니라키인지 도치키인지 북관동(北關東) 지방 출신의 사람이 있었던 것이다. 북관동

지방의 사투리라면 '에'의 발음이 '이'에 가까운 발음이 되어 '카인빙'(화염병의 일본식 발음)이 '카인빙'으로 들릴 수 있고, 그것이 또다시 '카아빈'으로 변하여, 도중에서 친절하게 '총'을 추가함으로써 '카빈총'으로 둔갑한 것이다.

포드 대통령 경호 시에 'UFO' 출현

이것도 내가 경찰정 경비국의 경비과장이었을 때의 실화이다.

1974년 11월 미국 포드 대통령이 미국 대통령으로서는 최초로 방일하였다. 1960년 아이젠하워 대통령이 필리핀의 마닐라까지 왔지만, 일본의 반안보투쟁이 격렬하였기 때문에 안전상의 이유로 방일을 중지한 이래 14년 만의 일이었다.

전부터 전개 되었던 제2차 반안보투쟁의 불씨가 아직도 끊이지 않았으며, 극좌과격파는 당연히 포드 대통령 방일저지 투쟁을 확대했다. 일본 경찰 역시 아이젠하워 방일저지에 대한 설욕도 할 겸, 명예를 걸고 대규모적인 경호 경비체계에 들어갔다.

동경에서의 제반 행사를 무사히 끝내고, 무대는 관광을 위하여 방문한 교토(京都)로 옮겨졌다. 교토부 경찰본부는 긴키관구 기동대나 오사카부 경찰청 기동대 등의 증원을 받아 전례 없는 대규모 경비체제를 갖추었다. 나는 경찰청의 포드 대통령 방일 경비본부에 있으며 경비통신을 개선하고, 동경에 있으면서도 직접 교토의 경비를 지휘할 수 있도록 지휘통제 통신계통을 확립하면서 이를 확인하고 있었다.

교토의 미야코 호텔이 숙소였지만, 교토에 집결한 극좌과격파는 각지에서 데모나 폭력투쟁을 전개하였고, 경비무선상으로 현장에서의 긴급보고 및 경비본부로부터의 지시가 난무하였다.

교토부 경찰에서는 긴급 편성된 제2기동대(보통은 경찰서 근무의 예비기동대)의 대대 호칭으로 지휘관이 서장으로 근무하는 경찰서 이름을 사용하였다. 사전에 있었던 경비회의에서 나는 일련번호로 호출하거나 '다나카 대대' 또는 '야마다 대대' 등 서장의 이름을 부대 명으로 하는 것이 혼란이 적다고 조언하였지만 결국 경찰서 이름을 부르기로 하였다.

그러나 실제에 있어서 역시 혀가 잘 돌아가지 않고, 교신에 시간이 걸린다고 하는 문제점이 제기되었다. '나카다치 유리 제1대대에서 나카다치 유리 제2대대에', 통신통제관이 '나카다치 유리 제1대대, 이상' 등으로 하게 되었다.

'1에서 3으로' 또는 '스즈키에서 다나카에게'의 편이 빨리 말할 수 있는데… 라고 생각하던 중에 이번에는 사투리가 튀어나오기 시작했다. 각 부와 현의 지방 사투리로 흥분하여 왈가왈부하는 것이 자연스럽게 튀어나와 버리고 만 것이다. 통신통제관이 큰 소리로 '표준말로 통신하라!'고 고함을 질렀다.

그런 중에 '마루야마 거리, UFO 출동'이라는 정보가 들어왔다.

'뭐라? 교토의 포드 대통령 경호에 UFO가 등장해?'

알아본즉 '유격방수차(遊擊放水車)'를 '유호(遊放: 일본식 발음)'로, 즉 약식으로 호칭한 것이었다. 관서지방 경찰기동대에서는 평시부터 유격방수차를 '유호'라고 부른다는 것이지만, 그 호칭은 보편화되지 않았기 때문에 모두 놀랐던 것이다.

'싱가포르 해상납치 사건'의 교훈

1974년 1월, 일본 적군파의 게릴라인 와코 하루오, 야마다 요시아키 두 사람이 PFLP 아랍 게릴라 2명과 조를 짜서 싱가포르의 쉘 석유 탱크 폭파를 시도했지만 실패하였다.

그리하여 쉘 석유회사의 페리보트 '라쥬 호'를 탈취해 타고, 말레이시아인 선원 8명을 인질로 하여 항내에 표류하는 해상납치 사건이 일어났다. 이렇게 해서 경찰청 경비국의 외사과장이었던 나와 경시청 경비 제1과장이었던 오타카 도키오는 현지파견을 명령 받았다.

싱가포르 주재 우오모토 일본대사를 도와 싱가포르 치안당국과 교섭하여 일본인 범인을 사살하지 말고(정보에 의하면 당시의 이광요 수상으로부터 범인 사살의 명령이 내려졌다고 한다), 투항한 자들의 신병을 인도받아 동경으로 호송하라는 명령이 다카하시 미키오 장관으로부터 내려왔다.

현지에는 홍콩 주재의 오다 영사(경찰청 출신)도 도착, 세 사람이 서로 협력하여 임무를 수행했지만, 곤혹스럽게도 싱가포르의 SIS(Special Branch)의 요구가 엄격하여 가명으로 호텔을 전전해야 했으며, 일본 보도진과의 접촉도 일체 끊어버려야만 했었다.

싱가포르는 엄격한 경찰국가이다. 우리들이 입국할 때에도 '내정 간섭의 의혹이 있다'라는 의심을 받아 공항 창고에 일정 시간 연금될 정도였고, 가명을 사용하여 호텔에 숙박하는 것도 위법행위였다.

범인이 일본인이었기 때문에 싱가포르 당국이나 매스컴의 반일 감정은 다시 갑자기 높아졌고, 중국계 특수기관 고급간부들의 우리 들에 대한 비난도 심해져, 만약에 가명을 사용할 때에는 'Persona Non Grata'(호의적이지 못한 기피인물)로서 국외로 강제퇴거를 당할 우려도 있었다.

치안당국으로부터는 '매스컴과의 접촉도 금지, 정장과 넥타이 차림으로 거리에서 행동하면 반일 성향의 시민으로부터 항의를 받는 등 예측하지 못할 사태도 예상되므로, 싱가포르 셔츠, 선글라스, 나팔바지 등 싱가포르 차림의 복장으로 변장하고, 또한 일본대사관에도 야간 후문 출입구를 통하여 출입할 것'이라는 활동규제를 받았다.

그 곳에서 구수회의(鳩首會議) 결과, 성과 이름을 뒤집어 사용하는 것으로 당국의 이해를 구하고, 동경에도 그것을 암호명으로 하여 극비에 연락했다. 그 결과, 나는 '아츠유키 S'로, 오타카 씨는 'O 도키오', 오다 씨는 'O 쇼오'로 이름을 바꾸었다.

싱가포르에서는 전화의 도청은 정당한 수사방법이라고 듣고 있었으므로, 동경과의 정기적인 연락도 매우 신경이 쓰이는 것이었다. 국제전화는 당시는 아직 다이얼 방식이어서 동경과 직통으로 연결될 리가 없었다. 호텔이나 대사관의 교환에게 부탁하여 통화하는 방식이었다. 그곳에서 오타카 씨의 보고는 언제나 애를 먹었다.

'동경의 몇 번, Person to person'이라고 하면, 당연히 교환사는 '당신의 이름은?' 하고 물어온다. 그러면 오타카씨는 '오 도키오'라고 한다. 교환사는 안달이 나서 '귀하가 동경을 호출하는 것은 알고 있습니다. 이름을 말해 주세요.', '오 도키오'…(도키오란 발음이 도쿄로 혼돈되어 들림으로써 교환사의 착오), 나는 뒤에서 배꼽을 잡고 웃었다.

싱가포르의 해상납치 사건은 유감스럽게도 동지 구출을 위하여 일본 적군파가 쿠웨이트에서 일본대사관을 점거하고 대사를 인질로 삼아 싱가포르 포위망 해제, 탈출을 위한 제트기의 준비 등을 요구함에 따라 일본 정부는 뒤죽박죽이 되었다.

나와 오타카 씨도 싱가포르 당국이 8명의 말레이시아 선원 인질과 우리들 두 명을 인질교환을 하려는 등 정말로 어이없는 배신적인 해결책을 생각하기 시작한 것을 알고 동경으로부터의 긴급명령에 따라 일본항공의 협력을 받아 싱가포르를 긴급 탈출했다.

동경에 돌아와 놀란 것은 경찰수뇌부에서 '오도키오(音淸) 보고서'라고 하는, 우리들이 싱가포르에서 활동한 일일보고를 정리한 극비

보고서가 회람되고 있었다는 것이다.

'O 도키오'를 싱가포르의 교환사는 'O 도쿄'로 이해하였지만, 전전공사(현재의 NTT)의 국제 교환사나 경찰청의 교환양은 음역하여 '喜淸'이라고 하는 한자를 만들어 쓴 것이었다.

약어, 속어, 은어, 비어를 정보 보고에서 사용하게 되면 어떻게 되는가? 이것이 그 예가 될 것이다.

제4장 · 유사시 리더는 무엇을 해야 하는가?

– 계획입안·결단·현장지휘의 비결이란 –

⑴ 계획입안 – 비관적으로 준비하고, 낙관적으로 대처하라

자신 및 부하의 '시간관리'는 어떻게 계획하나?

지휘관이 치밀한 계획성을 가져야 하는 필요성을 『리더십』에서는 문호 빅토르 위고의 말을 인용하여 이렇게 언급하고 있다.

> "매일 아침, 하루 일과순서를 계획하고 그 계획을 실천하는 사람은 가장 바쁜 생활의 미로를 기어갈 수 있는 이정표의 한 가닥 실을 갖고 있다. 그러나 순서를 무시하고, 시간의 처리를 단지 사건의 전개되는 형편에 맡기는 경우는 결국 혼돈된 상태가 지배하는 것이다."

이 책자는 '계획성'과 자타의 '시간관리'를 이렇게 논한다.

"조직의 능률적 운영에는 리더의 가장 효율적인 '시간' 활용이 필요하다. 시간은 항상 흘러가고, 두 번 다시 돌아오지 않는다. 시간은 에너지나 물질이 낭비되는 것처럼 낭비된다. 그것은 허술한 계획, 불철저한 지시, 지연 및 빈곤한 장비 등으로 잃게 된다. (중략) 지연은 시간의 도둑이다. 그것은 '오늘 할 일을 내일로 미룬다.'라는 이론에 바탕 한다. 이런 방식을 따르는 장교는 행정업무를 결코 극복할 수 없는 장애라는 산에 직면하게 된다. 책상위의 서류는 점점 산처럼 쌓인

다. 이러한 사태로 야기되는 심적인 애로와 심리적 긴장은 극심한 것이다. 장교는 '오늘 일은 오늘 끝낸다.'고 결심하지 않으면 안 된다. 장교가 밤늦게 군함을 떠날 때 그날 일을 모두 정리하고 다음날 아침 명랑한 마음으로 출근하는 기쁨을 맛보는 것은 만족감을 느끼는 일이다. 이러한 관행을 실천하는 장교는 보다 효율성이 높아, 부하는 물론 상관으로부터도 한층 더 존경을 받을 것이다."

또한 이런 언급도 있다.

"일의 계획을 세울 때, 장교는 가능한 한 많은 부하의 시간과 능력을 활용해야 한다."(필자주: 처음부처 끝까지 전부 혼자서 움켜쥐고 복잡하고 어렵게 하지 말라는 것)라고 하며, '계획은 서면으로 하라', '임무의 중복을 배제하라.' 등등의 조언을 하고 있다.

관리직은 매일 아침, 당일, 주간, 월간 예정표를 시간별로 작성하고, 과제로 받은 작업의 진척 상황을 항상 파악해야 한다. 또 현장지휘관은 담당분야에서 어떤 일이 일어나면, '그것이 무엇인지?' 상상력을 발동시켜 연구하고, 나름대로 사건·사고대응·초기조치(初期措置) 매뉴얼을 수첩에 적어 두는 정도의 마음가짐이 중요하다.

『해군차실사관수칙』의 '함내생활 일반수칙'을 읽어보자.

"항상 연구 과제를 가져라. 평소에 항상 하나의 연구 과제를 스스로 정리하고, 여기에 대한 성과를 포착하도록 노력하며, 하나로 정리할 수 있도록 적절한 곳에 이것을 적어 두고, 하나하나 각종 다른 문제에 대하여도 일일이 세밀하게 메모해 두라. 뒤에 다시 이러한 것을 연구하게 될 때, 중요한 부분을 추가 정정하여 보존해 두는 습관을 붙여 두면, 사물에 대한 사고력의 양성은 물론, 생각지도 못한 참고자료를 작성하게 되는 것이다."

"'사건즉결(事件即決)'이라는 모토를 가지고 사물을 처리한다는 마음을 가져라. '내일하자'라고 생각하면 결국 아무것도 하지 못하고 많은 일을 남겨, 일에 짓눌리게 된다. 요컨대 일을 이끌어 나가라."(上同)

"제출서류는 일찍 완성하여 제출하라. 제출 기일에 임박하여 재촉을 받는 것은 수치이며, 또 착오를 일으키는 원인이 된다."(上同)

"곤란한 작업을 만나게 되면, 이를 해결 처리하기 위해서는 우선 그 일의 요지를 파악하여 고찰해야 함은 물론, 동시에 작업진행 중에 일어날 수 있는 방해요소와 곤란한 점을 예상하여, 이에 대한 준비도 강구해야 한다. 특별히 고려해야 할 것으로서, 일의 결과를 가장 양호하게 종결지을 수 있게 하는 것이 가장 필요하다."(잡훈 10칙)

특별한 설명이 필요 없겠지만, 임무는 계획적으로 수행하고 또한 돌발 사태에도 대비해야 함을 명심하자.

100% 완벽한 계획은 없다

계획은 아무리 치밀하게 작성하더라도 100% 현실에 합치될 수 없다. 예상 가능한, 아니면 생각지도 못한 상황이나 조건의 변화에 따라, 계획이 현실에 맞지 않게 될 가능성은 언제나 있다는 것을 명심하며, 제2, 제3의 '대안'을 준비해 두는 것이 중요한 마음가짐의 하나이다.

기상과 일기는 중요하고 큰 가변요소이다.

1972년 2월 연합적군파의 아사마 산장 사건의 예를 보더라도, 인질인 무다 야스코 씨의 강행 돌입 구출작전은 2월 27일 결행예정으로 만반의 준지를 하였지만, 당일은 아침부터 눈이 와 순연되어 2월 28일 구출작전을 결행했다.

1989년 2월 24일 성대하게 거행된 히로히토 천황의 장례식도 기상으로 큰 영향을 받았다.

큰 행사나 의식에는 반드시 두 가지의 안이 필요하다. 하나는 기상 일기가 좋을 때의 행사계획이고, 다른 하나는 기상불량(안개, 비, 눈) 시의 행사계획이다. 이 중 어느 것을 시행할 것인지는 전날인 2월 23일 밤 11시의 동경기상대 일기예보에 따라 장례식 실행위원회 위원장인 내각관방장관의 결정에 따르게 되었다.

기상의 양호 및 불량에 따라 준비가 크게 다른 것이었다.

날씨가 맑은 경우는 좋지만, 비가 오게 되면 왕족이나 각국 원수, 수상 등 VIP의 통로에는 비를 맞지 않도록 캔버스 천막을 쳐야만 했다. 1만 명의 참례자가 앉을 접는 의자에는 1만개의 비닐우산, 1만개의 모포를 두어야만 했다.

2월 23일 밤 11시의 일기예보는 처음에 '흐림'이었다.

그러한 좋은 정보를 접했을 때, 리더들은 그 좋은 정보를 그대로 받아들이지 않고, 한번 호흡을 가다듬고 '정말인가?', '괜찮을까?'라고 의심을 해보는 것이 위기관리에 강한 리더의 마음가짐이다. 좋은 보고를 접했을 때는 '잔심(殘心)의 자세'(여운의 마음가짐으로 다른 준비를 미리 생각해 두는 것)가 중요하다.

2월 23일 밤에도 수상관저의 '잔심의 자세'가 혼란을 미연에 방지하였다. 대기하고 있던 건설회사 작업원들, 정부 각 부처에서 파견된 작업원의 대기를 30분 연장하여, 다시 한 번 동경기상대의 마지막 일기예보를 요청하였다.

오후 11시 30분 새로운 예보가 들어왔다.

"정정, 내일의 날씨는 진눈깨비 내림"

보라, 예상하지 못한 것은 아니었다. '기상불량시 행사'이다.

"그러면 우천시 행사계획 준비로 전환하라"라고 함으로써, 대기하고 있던 수백 명의 요원이 일제히 가동되어, 대규모 국장(國葬)의 준비는 다음날 아침 6시경 거의 맞추어 끝낼 수 있었던 것이다.

만약 장례실행위원회의 계획에 따라 '우천시 행사계획' 준비에 태만했더라면 국장은 그만큼 일사불란하게 진행되지 못했을 것이다.

현장지휘관은 '의도적 비관론자'가 되라

'계획 입안은 비관론자로, 계획의 실시는 낙관론자로'라는 것이 위기관리에 강한 리더의 발상법이다.

현장지휘관은 특히 '의도적 비관론자'가 되어야 한다. 자신이 스스로 세운 계획에 빠져들어서는 안 된다.

객관적으로 냉철한 눈으로, 자신이 세운 계획의 결점을 찾는다는 냉엄함이 요구된다.

예컨대 걸프전쟁 발발 전 정세에서 '평화냐 전쟁이냐'라는 기로에 섰을 때는, 반드시 나쁜 방향, 즉 '전쟁'이 일어날 경우에 대비하여 계획을 세우지 않으면 안 된다. 미국 포드 대통령의 방일 경호·경비 계획은 '포드 대통령이 일본에서 암살된다'는 최악의 시나리오를 바탕으로 작성되었다.

'한신 대지진'은 '낙관적으로 준비하고, 비판적으로 대처했던' 최악의 한 예이다. 왜냐하면 효고현이나 고베시는 긴키 지방에는 지진은 없다는 낙관적인 견해를 갖고 방재계획이나 방재훈련을 나태하게 하였다.

당시에는 혁신적인 지방자치 행정이 계속되어 왔고, 극단적인 자위대를 혐오하여 지방분권, 지방자치 존중의 기풍이 지배적이었다. 이 때문에 오랫동안 9월 1일 방재의 날 훈련에도 자위대를 참가시키지 않았으며, 주민들의 방재교육도 등한시하였다. 이 낙관적인 우유부단함으로 인하여 화재진압방식을 잊어 버렸기 때문에 500건 이상의 화재 사건이 났고, 고베 시는 잿더미로 바뀌었으며, 목숨을 구하기 위하여 탈출한 30만 명의 이재민들은 지진 시 7가지 도구라고 일

컫는 3일분 가량의 물, 식량, 의약품, 회중전등, 라디오, 헬멧, 침구 등을 준비하지 않았던 것이다.

'비관적으로 준비하고, 낙관적으로 대처하라'는 것은 부대 지휘관, 경영자뿐만 아니라, 한 집안의 주인으로서도 가져야 할 중요한 마음가짐이다.

계획에는 항상 '후방지원'을 포함

많은 사람을 움직여 무엇인가를 하려고 할 때, 계획 입안자는 후방지원 및 '의식주'의 대책을 잊어서는 안 된다.

내가 최초로 경비임무의 지휘권을 잡은 것은 1958년 오이타현 경찰본부의 경무과장 재직 때였다. 이전부터 전국에서 일제히 전개되었던 일본 교육노조의 문부성 주최 도덕교육 강습에 대한 반대시위가 오이타현 벳푸시에서 발생하였다. 이 벳푸시 도덕교육 강습회에는 규슈 각 현의 초중등학교 교장들이 수백 명 소집되어, 숙박을 하며 진행되는 강습회가 벳푸의 온천가 '히노마루 여관'에서 개최되었다.

이를 저지하려는 일본 교육노조의 전국적 동원으로 약 1,200명의 일교조 세력이 벳푸에 집결하였다. 당시 오이타현 경찰의 정원이 1,200명이었다. 이 숫자로는 장기적인 경비 임무를 감당할 수 없으므로 규슈관구 기동부대나 후쿠오카현 경찰기동대의 지원을 받아 1,200명의 경비부대를 편성하고, 당시 도미타현 경찰본부장의 특별 명령으로 나는 경무과장(인사, 교육, 회계 등을 담당)이었지만, 임시로 경비 부대의 지휘권을 부여받아 변칙적인 지휘관 직책을 맡게 되었다.

벳푸 도덕교육강습 저지 시위는 약 1주간에 걸쳐 계속되었다. 이 경비 임무수행 과정의 전말을 상술하는 것은 본서의 목적이 아니다. 본서에서 특별히 논하고자 하는 것은 경비계획 수립에 있어 '군수지 원'을 배려하는 것이 얼마나 중요한가 하는 것이다.

수송차량의 확보 운용, 유·무선의 지휘명령, 전보연락 통신망의 설정, 숙박시설의 준비, 경비식(警備食)의 조달 등, 소위 '의식주' 군수 지원(후방지원)은 일의 성패를 좌우할 정도로 중요한 문제이지만, 특히 오이타현 경찰본부의 간부가 놀란 것은 '담배, 캐러멜을 사 두는 준 비'와 '제복을 입은 경비부대는 1개 분대에 1개씩 모래를 반 정도 넣 은 양동이를 휴대하라'는 나의 지시였다.

경비임무 경험을 거의 갖지 못한 오이타현 경찰 경비과 사람들로 서는 '이것들은 뭣 때문에'라고 고개를 내젓는 지시였지만, 동경에서 어느 정도 제복(사복 근무가 아닌)조로서 부대 행동의 경험을 갖고 있는 나는 '곧 알게 될 것이다'라고 하며 그 지시 사항을 독려했다.

드디어 장시간에 걸친 대기, 데모대 규제, 군중 정리 업무가 수일 간 계속되었을 때 모두가 그 이유를 알게 되었다.

우선 '담배문제', 당시는 흡연을 싫어하거나 금연의 목소리가 높은 오늘날과는 달리 흡연자의 비율이 매우 높았고, 담배는 경찰관의 주된 기호품 중의 하나였다. 좁은 벳푸 관광지 여관가에 일교조, 강습을 받는 교장들, 문부성 관계자, 보도진, 거기에 경비부대 등 3,000명을 넘는 많은 사람들이 며칠간이고 체류하게 되자 주변의 담뱃가게에서 담배는 자취를 감추게 되었다.

또 피곤할 때나 경비식사의 배급이 늦어 출출할 때 발군의 위로효과를 나타내는 캐러멜 등의 감미로운 물건의 배급은 부대의 지휘통제상 유효한 사기앙양책인 것이다. 그리고 제복을 착용한 대원은 경비임무수행 중 멋대로 대열을 이탈하며 용변을 보러 가서는 안 된다. 또한 아무데나 가서 소변을 보는 등의 행위도 규칙 준수 상 허락되지 않는다. 상황이 안 좋을 때, 대열을 이탈하여 단독 행동을 하는 것은 잡혀가서 얻어맞거나 린치를 당하거나 인질로 잡힐 수도 있어 매우 위험한 것이다.

따라서 1개 분대에 하나씩 모래가 반 정도 든 양동이가 필요하게 된 것이다. 대열의 뒤에 숨어서 사용하고, 저녁에 경비임무 종료 후 철수 시에 벳푸만의 해안에 가서 처리하고, 또 반 정도의 해안 모래를 넣어 오면 된다. 현장지휘관은 부대 행동을 할 때는 대원들의 뱃속에 음식을 넣어 주는 것을 고려함과 아울러, 나오는 것도 고려하지 않으면 안 된다.

이 발상이 뒤에 경비 특수차량인 Kitchen car와 Toilet car로 규정 장비화 되어, 동경대학 야스다 강당 사건이나 혹한의 아사마 산장 사건 현장에서 활약하게 되었다.

차는 헬리콥터가 아니다

경찰청 경비과장의 중요한 업무 중의 하나는, 전국 각 지방에서 일어나는 경비사항에 대하여, 제1선의 경비과장들이 기안하고 작성한 경비계획서를 주의 깊게 조사하여 점검하고 필요한 지도, 조언을 하는 것이다.

난동의 60~70년대, 경시청은 그야말로 1만회에 달하는 경비임무를 수행하는 경험을 했다. 내가 경비 제1과장으로 근무한 2년 반 만의 기간 중에도, 극좌과격파의 가두 무장해동, 내부폭동, 학원분쟁 등 약 6,000회의 경비임무를 수행하였다.

경비계획의 입안횟수도 몇 천 번에 이르러 경비계획을 보는 눈이 매우 날카롭게 되었다. 제2차 안보투쟁 시기에도 지방경찰과의 차이가 매우 심했다. 예컨대 아사마 산장 사건의 경우 나가노현 경찰의 입장에서 보면 전무후무한 대사건이었으며, 과거부터 경비계획 등을 작성해본 적이 없었던 경찰도 수두룩했다. 전국에서 올라오는 경비계획서를 한눈에 보고 나면 대략 그 지방(현) 경찰의 경비수준을 알 수 있었다.

경비계획을 보고 경비방침, 경비부대 편성, 적용법령 등 경비의 가장 직접적인 부분이나 추상적인 경비 목적, 부대 운용방침 등은 꽤 기록되어 있어도 예산, 수송, 통신, 급식, 숙박, 구호, 장비자재 등 '후방지원' 부분의 페이지 수가 적은 경비계획은 바로 회송시켜 다시 작성하게 하는 대상이 된다. 경험이 없으므로, 그러한 잡다한 일은 계획서에 일부러 기재할 필요가 없고, '침식은 잊어라, 자지 않고 쉬지 않고 하라'라고 하는 정신주의로 입안해 오는 경비계획은 현실성이 없으므로 점차 혼란을 가중시켜 종국에는 대혼란을 일으키게 된다.

내가 경험했던 당시의 상황은 이러했다.

"계획을 수정하여 다시 작성하시오. 동경대학 야스다 강당 8,500명의 부대 운영을 위해서는 식사 운반 요원만으로도 경찰학교 생도 800명이 필요하겠지요."

이러한 질문도 있었다.

"이 경비에 몇 대의 차량을 사용하나?"

"200대입니다."

"어디에 주차하나?"

"그거야…음… 교통통제를 하므로 현장 주변의 도로상에 주차합니다."

"다시 작성해. 그 정도의 차량운용 계획으로 가능하다고 생각하나?"

"주차장, 지시대로 확보했습니다."

"몇 평방미터?"

"2,000평방미터입니다. 차 한 대 길이 5미터×폭이 2미터로서 10 평방미터이고, 200대이므로, 2,000평방미터가 있으면……"

"수출 적하용의 신차 주차장이 아닌데. 자동차가 돌아가는 공간이나 통로를 확보해야 한다고 생각한다면, 2,3배는 필요하네. 안쪽에 주차한 대대에 긴급출동 명령이 내려진다면 어떻게 하나? 자동차는 헬리콥터가 아니네, 수직 이착륙기가 아니란 말일세. 다시 수정 작성하도록."

"생각이 나서 말해두지만, 각 부대의 경비담당 구역이나 배치장소에 따라 주차 차량을 어느 쪽으로 향하여 주차할 것인가? 주차 방향도 고려해 넣어야 한다네."

이것이 현장지휘관의 계획입안 감각이라는 것이다. 이와 같이 후방지원에 관한 현장 감각은 다만 경시청 기동대에만 국한 되는 것은 아니다. 예컨대 기업의 큰 행사라든가 사장의 이취임식 파티, 각종 관혼상제 등의 제반행사, 기타 전체의 현장 활동에도 필수불가결한 실무 감각인 것이다.

아사마 산장 사건 처리를 위해 현지에 급파된 지휘·참모단이 최초로 손을 댄 것은 지원부대의 숙소, 차량 주차장의 확보, 급식문제, 전파가 통하지 않는 지대이므로 카루이자와 산악지역에 무인 무선 중계기의 설치, 살수용 물 확보를 위한 소방차 동원, 캔버스로 제작된 수조의 설치, 전전공사(현, NTT) 100회선 케이블을 산 위로 끌어올리기, 버스형 다량무선지휘차, Kitchen car, Toilet car의 운반, 그리고 경찰본부의 노나카 본부장 이하 고급 지휘참모들의 수면시간의 할당, 불침번 당직의 지정 등등 모두 후방지원의 제반문제였다.

현지의 나가노현 경찰간부 일부가 동경에서 베테랑들이 지원하러 왔기 때문에 후방지원의 문제는 무시하며 반발하기도 했지만, 나는 "이 사건은 내일 반드시 해결되는 것이 아니고, 1주간 아니면 1개월이 걸릴지도 모른다. 현재 준비하라고 지시하는 것들의 중요성은 곧 알게 될 것이다"라며 이 항의를 묵살했다.

파고니스 중장의 군수지원론

앞서 언급했지만, 걸프전쟁 때 보급사령관을 역임한 파고니스 중장은 56만 명의 군대와 700만 톤의 무기, 차량, 보급품을 전장의 후방으로 운반하고, 종전 후에 그것을 또 원대복귀 시켰다. 이것은 세계전사 상 전례가 없는 하나의 대규모 '군수작전'이었다.

파고니스 중장은 『산, 움직이다』의 제8장 '리더십과 군수지원'에서, 친구 100명을 펜실베니아 주립대학의 풋볼시합에 초대하는 과정에서 리더는 군수적 사고로 무엇을 고려해야 하는가를 구체적으로 예증하여 보였다.

우선 입장권의 확보, 관객수송을 위한 버스의 확보, 점심은 핫도그가 좋은지, 건물의 안전성 검토, 그날의 기상 검토, 부상자 발생 시…
등 하나하나 문제점을 지적하며, 이렇게 결론짓고 있다.

"후방지원의 기본은 '아무것도 전제하지 말라'는 것이다. 상황을
전제로 하고 일에 착수하는 후방지원 전문가는 바로 자멸해 버린
다."

계획 입안에 임해서는 가변적 요소를 고려하여 그것에 대한 '대안
(代案)'을 반드시 준비해 두는 것이다.

마츠나가 씨의 논문 『위기에서의 리더십-리더십은 병학교 생활에
서 터득했다』를 보면, 구 해군병학교에서는 "철봉으로 무엇을 만들
수 있을까? 유연한 와이어(wire)가 되지 않으면 안 된다."고 가르쳤다
한다. 그 논문 속에서 마츠나기 씨는 "와이어는 구불구불 휘어져 약
하게 보이지만, 만약 필요시에는 무거운 것을 걸어 올리고 내릴 수
있다. 철봉은 언뜻 튼튼해 보이지만, 와이어가 할 수 있는 것을 할 수
없다. 함정 승조자는 와이어와 같은 유연한 자세가 필요하다."라고
설명하며, "긴 일생 동안에 '법률조례에 따라'라는 기분으로만 직무
를 하면 후세에 이름을 남기는 훌륭한 일을 할 수 없을 것이다."라고
했다.

'당초 계획에 없기 때문에'라고 하며, 임기응변의 대응을 주저하는
'철봉형' 현장지휘관은 실패할 가능성이 크다. 파고니스 중장은 계획
입안자는 보통 독선적이 되며, 고정관념에 사로잡히고, 또 희망적 관
측이나 낙관론으로 불행을 초래하여 의외로 허술한 계획을 만든다

는 것을 지적하며, "나쁜 결과를 피하기 위하여 계획의 결점을 참모가 지적토록 하라."라고 주장한다. 계획성은 지휘관 적성의 한 가지 요소이지만 동시에 피아노의 선과 같은 유연함을 요구한다.

⑵ 회의에 불가결한 '9가지 철칙'

본회의와 현장회의는 무엇이 다른가?

평시에 본부에서 열리는 회의와 현장에서 임무를 수행하는 과정에서 열리는 회의의 성격은 다르다. 그 상이점의 예를 들어 본다.

1. 본부의 회의는 '전략회의'이므로 정세 분석, 미래예측 회의지만, 현장회의는 '전술회의'로서 정황보고이다.
2. 본부회의는 통상 충분한 리드타임 즉 '예비시간'이 있지만, 현장회의는 대기시간이 없는 매우 제한된 시간에 실시한다.
3. 본부회의는 연차계획, 내년도 예산, 우선정책 과제선정, 경영방침 등이 주제로서, 의사결정도 중요한 의제이다. 현장회의는 분초를 다투는 현장작전회의, 받은 명령을 집행하기 위한 구체적 수준의 타협으로 상부에서 결정된 의사를 어떻게 신속하고 효과적으로 실시할 것인지 그 여부가 의제이다.
4. 본부회의는 리드타임이 있기 때문에 충분한 시간에 걸쳐 토의하

고 만장일치의 컨센서스를 얻는 것이며, 적어도 다수결로 방침이 결정된다. 따라서 '토론'의 여지가 있다.

본부회의에 비하여 현장회의는 상의하달이며, 합의가 아니라 명령으로 움직이고, 회의의 목적은 판단에 필요한 정보를 가능한 한 빨리 전달하고, 본부의 방침, 의향을 현장의 하급지휘관까지 가능한 한 빨리 철저하게 인식시키는 것으로 토론을 시킬 여유가 없다.

이러한 성격상의 차이가 있기 때문에 현장회의를 주재하는 현장지휘관의 회의운영 자세가 본부회의 성격과는 다르게 되는 것이 당연하다. 현장지휘관이 지켜야 할 회의 운영 요령은 대략 다음과 같다.

1) 시간엄수

회의는 참석하는 많은 사람을 구속하는 것이므로 시간엄수가 본부, 현장을 막론하고 회의 운영의 철칙이다. 늦게 참석하는 자가 있더라도, 그것이 회의 개최에 절대 필요한 정보, 자료, 교섭결과 등의 발표자와 같은 경우를 제외하고 정각이 되면 회의개최를 선언해야 한다. 더구나 현장회의는 예비시간이 적은 불리한 조건에서 열리므로, 어설픈 회의운영으로 모두의 중요한 예비시간을 허비해서는 안 된다. 특히 종료시간은, 가능한 한 정해두고 예정시간 내에 의제수행을 완료하여 정각 개최, 정각 종료가 될 수 있도록 노력하는 것이 현장지휘관의 책임이다.

2) 장황한 회의는 역효과

현장회의의 주재자는 책임을 지고 회의를 리드하고, 요점을 벗어난 장황한 발언은 적당히 중지시키며, 문제점을 '가치판단적'이 아닌 '기술적'으로 정리하고, 반대의견을 개진하도록 하며, 회의에는 출석했지만 의견 개진에 소극적인 부하, 아니면 불만 있는 자를 지명하여 발언 시키는 등 능률적으로 회의를 운영해야한다. 구질구질하게 발언이 많은 회의일수록 결과는 산만한 것밖에 없다.

3) 상급자의 발언은 뒤에 하라

상급자가 발언을 독점하지 않도록 유도할 것. 상급자 특히 현장지휘관 본인이 먼저 의견을 밝히게 되면 거기에 영합하는 발언이 늘어나 의견을 달리하는 자는 침묵해 버린다. 오히려 질문이나 지명에 따라 부하의 건의나 개선안, 대안을 유도함으로써 참석자들이 발언한 사실에 대하여 흐뭇하게 느끼게 되고, 뭔가 업무를 성취하는 데 공헌했다는 참가자 의식을 안고 회의실을 떠나도록 해야 한다. 의외로 올바른 의견은 회의석상에서 노출되지 않고 마음속 깊이 유보된 의견 속에 잠재되어 버리는 경우가 많다. 현장지휘관은 그러한 의견을 먼저 듣고 난 뒤, 마지막으로 자신의 의견을 개진하여 정리하는 자세를 취하는 것이 좋다.

4) '오다하라 평정'을 경계하라

뭔가 중대한 일이 발생되었을 때, 가장 먼저 기피해야 할 것은 '오다하라 평정'의 시작이다. '오다하라 평정'의 정의는 '만나도 논의가 안 되고, 논의해도 결정되지 않고, 결정되어도 행하지 않는다.'라는 것이다. 신속히 대책과 방침을 결정하고 그 의사결정을 서둘러서 일선의 현장 사람들에게 명령해야 할 때 '오다하라 평정'이 시작된다면 대혼란이 일어날 것이다.

그 속에는 회의를 성역이라고 생각하는 이상한 마음가짐이 있으며, 회의를 기피하는 늙은이와 부녀자 같은 자세, 감독관청, 수상 관저, 기자클럽으로부터의 설명 요구나 기자회견 요청을 '회의 중이므로'라고 하며 회피하고, 회의가 끝나더라도 밝은 태양을 싫어하는 식물처럼 또 차기 회의를 급거 계획하여, 회의에서 회의로 일시적 어려움을 회피하는 것을 시도하는 우물쭈물하는 리더도 있다.

언젠가 경비사항에 대한 조치를 둘러싸고 경시청 경비국에서 회의가 개최된 적이 있다. 일선에서는 경시청 기동대 등이 명령을 기다리며 대기하고 있는 상황에서, 경비회의는 오전 10시에 시작되었다. 그리고 정오가 되어 중식으로 도시락이 나왔다. 회의는 춤을 추고 오후 3시가 되어 다시 간식과 차가 나왔다. 그래도 회의는 계속되었다. 석간신문이 왔다. 의장은 석간을 읽기 시작하였다. 우리들은 매우 지루했다. 일선에서 정열 대기시켜 둔 기동대의 입장이 고려되기를 바라고 있었다. 제2차 안보투쟁의 시대, 경시청 본청의 경비 회의가 오래 계속되자 현장지휘관인 기동대장들은 공공연히 이렇게 말했다.

"빨리 결론지어 경비 방침을 정하고 명령을 내려주면 좋겠다. 본부는 회의가 끝나면 한 건 완료했다고 하지만, 우리들은 그때부터 그 명령을 가지고 현장에 복귀하여 중·소·분대장을 집합시켜 구체적인 작전회의를 해야 하기 때문에…"

당시 나는 경비 제1과장으로서, 경비 사안의 시기를 예측하고 시간을 그때부터 역산하여 부대의 현장 도착 및 배치 시간을 정한 다음 "각 기동대의 출발은 몇 시, 식사 및 기타 준비 시간을 30분으로 보고, 각 부대 지휘관의 전술회의 소요시간을 1시간으로 보고 몇 시 개시, 몇 시 종료라고 상정하면, 본부회의는 늦어도 몇 시 까지 종료되어 대장들을 가능하면 각 부대에 빨리 복귀시켜 작전회의를 위한 예비시간을 주어야만…"이라고 판단하며 회의운영에 임했었다.

반복하여 말하지만, 회의는 참석자 전원을 구속한다. 지루한 회의는 모두의 귀중한 시간을 지휘관이 아무렇게나 쓰는 것이 된다. 본부회의 주재자인 사령관, 고급지휘막료들은 가능한 한 현장지휘관에게 현장회의, 실제 답사, 가능하면 예행연습 또는 훈련의 시간을 많이 주도록 본부회의의 능률적인 운영에 힘쓰고, 현장지휘관을 빨리 현장에 복귀시키도록 해야 한다.

경험상으로 말하자면 본부의 회의가 심야에 이르면, 현장회의도 자료의 복사 작성, 지도의 준비 등으로 심야에 시작되고, 그것이 길어지면 실제 답사 시간과 현장 각급 지휘관의 수면시간을 뺏겨 버려,

다음날 아침 수면부족에 의한 흐리멍덩한 정신으로 인해 일에 차질을 빚게 된다. 본부회의에서 장시간에 걸쳐 아무리 치밀한 계획을 세웠었더라도 현장에서는 준비 부족과 피로 때문에 인위적인 착오가 속출하여 실패하게 된다는 비극적인 결과를 초래 하는 것이다.

제2차 안보투쟁 경비 시기에는 매일 밤마다 경비회의로, 어떤 날은 다음날의 경비사항에 대하여 별도의 부대지휘관들을 모아놓고 8회의 경비회의를 실시하기까지 했다. 지시를 하는 경비1과장인 나 자신도 피곤할 정도였다. 회의 자료를 건네주는 과장 대리도 해이해졌다. 각 방면 담당의 현장지휘관인 정규 기동대장, 방면 기동대장(서장 지휘의 제2기동대), 방면 본부의 조사관 등에게 중복되는 회의 자료의 지시사항에 따라 필요한 지시명령을 전달하고, 하나하나 진척시켜야만 했다. '총괄지휘, 제1기동대장 지휘 하에 제3기동대, 제6방면 기동대, 모토후지 경찰서'등으로 읽어주고 있으면서도 어쩐지 기분이 이상하였다. 그런즉 살펴보면 각 대장들이 이상한 얼굴로 단상의 나를 보고 있는 것이다.

"아니, 저는 '간다'지구 담당의 5기동대장입니다마는…"

있어서는 안 될 일인 서류의 순서가 틀렸던 것이다.

"정정한다. 통할은 제5기동대장…"

당시의 경비회의는 이러한 여건 하에서 진행되었기 때문에 본부로서는 잠시라도 빨리 현장지휘관을 현장에 복귀시키는 것이 성공의 비결이었던 것이다. 또 현장지휘관들도 대원들의 생명이 걸려 있기 때문에 유유자적 추종할 여유가 없었으며, 당당하게 '빨리 회의를 끝내라'고 요구하였던 것이다.

5) 기립회의와 착석회의

파고니스 중장은, 그의 저서 『산, 움직이다』에서 "현장에서 지휘관 참모회의는 아침에는 '기립회의'로, 저녁에는 '착석회의'를 하라."고 하며 이렇게 말한다.

"기립회의는, 나의 지휘도구 상자에 있는 두 종류의 회의 중 하나이다. 글자 그대로 이 회의 중에는 나 이외의 참석자 전원은 서 있다. 기립회의는 아침회의로서 군과 기업에서 비슷한 역사를 가지고 있다. 아마 처음에는 사람 머리수를 세는 수단이었을 것이다. 아이젠하워 장군은 매일 아침 빠짐없이 고위 장교들을 집합시켜 정보 보고를 청취하고, 업무추진을 독려했다고 한다. (중략) 당초부터 나는 기립회의에서는 엄밀하게 시간을 제한한다고 했다. 따라서 정확하게 오전 8시에 개시하고, 8시 반 이전에 끝내도록 결정했다. 처음에 모두 세워 두고 회의를 한즉, 의사진행이 훨씬 빨라졌다. 사람들은 자신의 얘기를 끝내면 바로 다음사람에게 양보한다. 만약 긴 얘기를 꺼낸다든지, 불필요한 이야기를 부언하는 자가 있으면, 다른 사람들이 보디랭귀지로 의사표시를 한다. 쉬고 있는 다리를 바꾼다든지, 몸을 움직인다든지, 시계를 보기도 한다. 그러면 재빨리 얘기는 본론으로 돌아간다. 이는 흥미 있는 현상이다. 주의해야 할 것은 회의가 끝나는 시간이다. 그렇지 않으면 동료들이 더욱 지루하게 생각하여 집단적으로 의사표시를 할 것이다. 나는 저녁에 또 한 차례 회의를 하였다. 공식적으로 '1700 지휘관·참모회의', 비공식적으로는 '착석회의' 또는 '1700(Seventeen hundred)'으로 알려진 회의이다. 이러한 회의명에서 나타나듯 회의는 착석 상태로 이뤄지며, 더욱 집중적인 분석으로 수렴이 가능하다. (중략) 가능하면 '현장의 사관(士官)' 즉, 그 직무분야의 상관이 아닌, 특정한 임무, 대대, 행동 등을 실제로 지휘하는 자에게 보고를 시키는 것이 내가 선호하는 방법이다. 나의 경험으로는 이것이 정확한 사고(思考)를 솔직하게 도출하는 최선의 방법이었다."

이는 시사하는 바가 큰, '회의 운영술'이라고 말할 수 있다.

내가 경시청에서 제2차 안보투쟁의 경비회의나, 동경대학의 야스다 강당 앞, 간다의 칼쳐라탄 시위 현장의 가두, 아사마 산장 정면 현관에 위치한 방탄경비차 속에서 서서 하던 현장회의야말로 바로 '기립회의'였다. 착석하면 모두 지친 상태이므로 졸게 되고, 하품을 하며 멍청해져 다른 사람의 얘기를 듣지 못하며, 메모는 하되 동석한 동료와 사담을 나누며 또한 장황한 의견을 설명하는 것을 방치해 두면 회의의 분위기를 지루하게 만들어 버리게 된다.

나는 오랜 경비경찰 생활을 하며 많은 상관과 함께 근무하였다. 이런 나의 경험에 비추어보면 대체로 책임감이 강하고, 결단력이 있으며, 배짱이 있고, 자기 자신에 대한 자신감이 있는 상관은 회의를 꺼리며, 회의를 하더라도 빨리 끝내기를 선호 한다. 반면 자신감이 없고 우유부단하면, 바꾸어 말하여 '모두 함께 건너가면 무섭지 않다' 라는 식으로 회의에서 제기하는 것을 좋아하고 결단을 잘하지 않으며, 희망적 관측에 좌우되기 쉽고 직간을 싫어하며, 나쁜 보고를 듣기 싫어하는 상관은 자주 긴 회의를 개최하는 경향이 있다는 것을 알게 되었다.

6) 대안 없는 비판의 대처방법

구미(歐美)의 처세훈에 '뜨거운 감자를 받으면, 바로 상대에게 던져주어라.'라는 것이 있다. 회의석상에서는 언제든 자신의 제안이나 계획에 관하여 완전히 무책임한 비판이나 거부반응이 나올 때가 있다.

어떤 조직에도 반드시 '일언거사(一言居士: 한 마디 거드는 사람)'나, 일부러 다른 사람의 의견에 반대하는 편협적인 주장을 하는 사람이 있다. 지휘관은 항상 냉정해야 하기 때문에 회의석상에서 공공연하게 반대한다고 하여 격앙해서는 안 된다. 그렇게 발언하면 바로 '당신이라면 어떻게 하겠는가? 당신이 생각하는 대안을 말해 보게'라고 상대방에게 가르침을 받는 형태로 문제를 상대방에게 던져버림으로써 족하다.

'받은 뜨거운 감자'의 열로 인하여 격앙된다든지 아니면 어리둥절해 버려서는 안 된다. 회의석상에서 자신의 의견에 토를 달고 반대를 하면 바로 상대에게 건설적인 대안을 구하라. 그러면 무책임한 비판자는 참석자 전원의 앞에서 바로 침묵하게 된다.

7) 발언하기 쉬운 분위기를 만들라

지휘관은 회의 시에 참모나 하급지휘관들이 발언하기 쉽게 부드러운 분위기를 만들도록 노력해야 한다. 평소에 열등의식이 있는 자, 비판적인 다변가, 소극적인 사람, 내성적인 자 등을 지명하여 발언을 하도록 요구하라. 그러면 그들도 최선을 다하여 적극적으로 참여하고 참석자들 모두가 보는 데서 그들의 의견이 채택되면, 상기와 같은 부하들도 즐겁게 적극적으로 참여 의식을 갖게 된다. 별로 가치가 없는 발언이라도 실제 해가 없는 한 귀를 기울여야 하며, 이를 바보 같은 생각이라는 태도로 무시해서는 안 된다. 결국 부하 모두가 참여의식을 갖게 하는 것이 중요하다.

8) 회의를 형식에 치우친 '의식'으로 하지 말라

사회 진행자와 수시로 협의하여 다과를 내거나, 커피브레이크를 만들거나, 유머를 교환하여 분위기를 부드럽게 하는 것이 바람직하다. 파고니스 중장은 다음과 같이 말했다.

"…우호적이며 딱딱하지 않은 분위기가 회의에서 중요한 요소이다. (중략) 걸프전쟁에서는 팝콘 제조기를 몇 대 구입 배치하여 그중에서 한 대를 회의실 옆 작은 방에 비치하였다. 착석회의 중 팝콘이 든 큰 그릇이 계단식으로 된 좌석을 오르내리고 있었다."

9) '김 빼기'의 필요성

착석회의는 일종의 애로처리 기관의 역할을 해야 한다. 현장에서 곤란한 임무 수행을 담당하고 있는 사람들은 모두 후방의 안전한 데스크에서 안락의자에 버티고 앉아(실제는 그렇지 않더라도 일선에 있는 사람은 후방의 상층부 사람들이 '안락의자에 버티고 앉아 있는 것'으로 믿게 되는 경향이 있다.) 실정도 모르고 제멋대로 지시명령을 내리는 상층부에 강한 불평, 불만을 갖고 있다. 이러한 강한 불평, 불만을 일부러 유도 발언시키고 험한 언행을 비등시킴으로써 폭발 직전의 '제일선 증후군(Front line syndrome)'에서 탈출하는 것이 현명한 현장지휘관의 회의 목적중의 하나이다.

그러한 경우 현장지휘관은, 예컨대 노동조합 지도자의 입장에 서서 부하의 불평불만에 공감과 이해를 나타내고 김이 빠졌다고 생각될 때까지는 결코 '경영자 측'에 서서 변명을 해서는 안 된다. 불평불만의 폭발을 상층부를 대신하여 수용하는 것이 현장지휘관의 임무중 하나이다. 말하고 싶은 여러 가지 대화 소재를 말하게 하면 그들은 신이 나게 된다. 정신위생상 이러한 '김 빼기'는 때때로 필요하다.

캄보디아에 파견된 다카다 하루유키 경시의 순직 후, 무라다 케이지로 자치장관이 현장에 급파되었을 때 PKO 문민경찰관들의 사이에서 매우 강력한 '불평불만'이 있었다고 하는데, 그것은 바람직한 것이었다.

파고니스 중장은 다음과 같이 얘기한다.

"'착석회의는' 보스에 도전하는 유일한 수단이며, 보스는 절대로 도전을 거부해서는 안 된다."

또 회의의 의의에 관해서는

"때때로 부하에게 이러한 회의를 위임해 보아도 좋다. 그렇게 하면 타인의 견해와 인격도 귀중하고 자신만이 절대적이 아니라는 것을 알게 된다. 또 부하가 정보전달 능력을 연마하는 기회도 된다."

회의는 독재자 히틀러의 회의가 그랬다고 전해지는 것처럼 지휘관의 원맨쇼로 끝나서는 안 된다. 파고니스 중장은 종종 "회의 좌석에서 '철학을 피력하는 자'가 있다"고 했는데 이는 좋은 예이다. 실무자가 모여서 매우 현실적인 당면문제에 관하여 구체적인 대책을 강구해야 하는데, 위에서 일방적으로 마사여구를 나열하고 'How to'를 수반하지 않는 정신훈화적 철학을 피력해서는 결코 안 된다.

결정이 내려지면 하급자는 따라야 한다는 것이 조직의 철칙이지만, 결정에 이르기까지 의사를 형성하는 과정에 있는 '착석회의'는 중국의 문화대혁명 슬로건의 '백화제방(百花齊放; 여러 가지 종류의 꽃이 일제히 피는 것)'과 '백가쟁명(百家爭鳴; 많은 학자가 자유로이 자신의 의견을 제시하는 것)'이 되지 않으면 안 된다.

⑶ 사심(私心)은 결단력의 큰 적이다

결단과 결제는 무엇이 다른가?

일상의 인간조직 내부에서 실시되는 의사결정 절차는 대부분의 경우 '컨센서스(consensus=합의)'와 '어프루벌(approval=결제 방식에 의한 승인)', 즉 밑에서 올라온 서류에 도장을 찍는 것뿐이지 않는가?

조직의 정책결정이 결단(decision making)에 의해 시행되는 것은 희박하다. 일본의 공무원회의나 관계각료 간담회는 가능하면 다수결도 회피하려고 한다. 타협이나 조정을 통하여 관계자는 누구 한 사람도 100% 만족하지 않지만, 어느 정도 양해할 수 있는 정도의 누구 의견도 아닌 절충안이 제기된다. "모두 조금씩은 자신의 의견이 채택되었다고 느끼지만 자신의 안이라고 생각하는 사람은 한 사람도 없다."라는 이상한 결론이 시간이 지나면서 형성된다.

더욱 심한 것은 자민당의 총무회이다.

총무회는 자민당의 당 의사결정을 하는 최고기관이지만 '만장일치'가 원칙이다. 반대 의견이 나와 서로 왈가불가하는 경우도 있다. 구지라오카 효수케 씨나 하마다 코이치 씨가 반대발언을 시작하게 되면 결론이 날 수 있을 것인지 걱정이 된다. 어떻게 될 것인지 안절부절못하게 될 때쯤, 반대자는 의견을 개진한 다음 퇴장해 버리는 것이다. 그렇게 되면 나머지는 '만장일치' 일사천리로 착착 진행되는 것이다.

아무리 해도 결론이 나지 않을 때 결론을 맺는 방법은 '간사장 일임', '관방장 일임'이라고 하는 총리총재 이외의 영수에게 '일임'하는 것이다. 최고결정권자이며 명령권자인 우두머리는 그렇게 하는 동안 '구름 위'에 떠서 기다리는 것이다. 집단지도체제의 합의체 조정이 행해지고 있는 동안에 일본적 지도자는 텔레비전이라도 보고 있는 편이 아래로부터의 평판이 좋은 것이다. 도중에는 입을 열지도 않고, 종합 조정된 계획이나 정책안이 올라올 때까지 잠자코 기다린다.

그 다음부터는 기안자의 '프레젠테이션'이다. 조정위원회 의장이 경영보고와 취지 설명을 한다. 내각 각의에서는 관방장관과 소관 업무 장관이, 차관회의 합의 사항에 관한 각의(閣議) 보고인 경우 관방부장관이, 관계부처의 회의인 경우 차관이나 관방장이 조정위원회 의장이다. 그리고 우두머리는 거기에 '결재' 즉, 이 안으로 좋다고 하는 승인을 하는 증거 서류에 도장을 찍는 것이다. 이것이 일본 행정기관의 의사결정 절차이며 우두머리가 '결단'하거나 '양자택일'의 어느 것을 선택하는가에 따라 그 집단의 의사를 결정하는 것은 거의 없다고 해도 좋다.

예컨대 내가 방위시설청 장관으로 미군기지의 주변 주민대책비에 관하여 소음방지공사 예산을 각 지방 시설국에 할당하기 위한 회의를 개최하게 되었다. 회의석상에서 각 지방시설국장의 소음 공해의 현상, 지방 공공단체, 지방의회의 동향, 주민운동 상황 등의 정세가 보고되었다. 그 당시 방위시설 행정의 최우선 과제가 미 해군 7함대의 항공모함 미드웨이 함재기의 야간 이착륙 훈련에 의한 아츠기 기지 주변의 야간 소음공해가 문제였다.

국회에도, 현 의회에서도, 각종 매스컴에서도 문제가 되어, 지방주민의 반대 운동도 심했던 문제였다. 그래서 방위시설청 장관인 나의 방침은 최초부터 금년도의 예산 증가분 전부를 아츠기를 관할하는 요코하마 시설국에 우선적으로 배분하는 것이었다. 그러나 독재적인 톱다운 방식으로 내가 결정한 것은 분명히 일본 행정기관의 의사결정 방식의 상식에 어긋난다. 그러므로 질질 끌며 하루 종일 회의를 하여 조금씩 미세 조정을 하며, 누구의 방안도 아닌 절충안을 만든다. 시설청 장관은 그 때부터 각 국장을 설득하여 누구도 100% 만족하지 않지만, 누구도 100% 불만족도 하지 않는 상태가 된 수준에서 '이곳으로 모두의 합의가 거의 달성되었다고 생각하므로'라고 말하며 탕탕탕! 의사봉을 두드린다. 이것이 일상적인 의사결정의 절차이다.

이 때문에 리더들에게 요구되는 자질은 '결단력'이 아니고 파고니스 중장의 말을 빌리면 '상부로의 협상(skill upward)', '수평적 협상(skill sideway)'이라는 '조절능력'인 것이다. 그러나 현장지휘관에게 요구되는 자질은 이러한 참모들에게 요구되는 자질과는 다르다. 그것이 바로 '결단력'이다.

결단에는 순발력이 필요

결단이란 양자택일, 예스인지 노인지, 권총 방아쇠를 당길 것인지 말 것인지, 살 것인지 말 것인지, 매우 제한된 상황 속에서 불충분하고 부정확한 정보에 기초하여 행동에 관련되는 명령을 내리지 않으면 안 된다는 점에서 '결재'나 '만장일치 합의'와는 근본적으로 다른 것이다.

이를테면 한 납치범으로부터 "한 시간 이내에 요구를 들어주지 않으면 인질을 죽인다."라는 협박을 받았을 때 '신중하게 검토 하겠습니다'라든가 '귀중한 고견으로 받아들여 장래에 참고로 하겠습니다.' 라고 하는 답변은 일체 통용되지 않는다.

전후(戰後) 일본의 정치, 외교를 보고 있노라면 정치도 내각법의 규정에 의거하여 정책결정권과 지휘명령권의 근거가 내각총리대신이 아니라 합의체인 '만장일치'의 컨센서스 방식인 '각의'에 있으며, 내각총리대신의 행정 및 각 성청(省庁)에 대한 지휘감독권도 각의의 결정에 따라 행사되는 것을 알 수 있다. 개발도상국원조인 ODA도 '요청주의'에 기초하여 관계 각국 정부의 요청에 따른 금액을 '사정'하고, 대장성도 각 성청의 예산요구를 '사정'한다. 각 성청 장관의 중요한 업무는 아래에서 올라오는 안을 '결재'하는 것이며 '결단'을 내리는 것은 아니다. 결국 이러한 방식에 완전히 매몰되어 버린 것이다.

내각의 최고결정기관인 각의도 정책 논쟁을 하지 않으며, 차관회의에서 만장일치로 가결된 안건을 '결재'하는 것이다. 구체적으로 붓과 먹물을 준비하고 붓으로 각의 결정의 서류에 각 장관이 시간을 들여 '화압(花押)'을 써서 '결재'를 한다. '화압'이란 일부러 사례비를 주고 서도가에게 부탁하여 만든 장관의 서명을 대신하는 부호와 같은 것이다. 각의석상에서 각료들이 설명 등은 제쳐 두고 일사불란하게 결재서류에 각자의 화압을 찍는 모습을 보면, 그것은 '정치 결단'과는 무관한 것이며, 정치의 빈곤을 통감하게 한다.

현장지휘관이 현장에서 단행하지 않으면 안 되는 것은 '결단'이지 화압을 찍는 것이 아니다. 아틸라 대왕의 언행록에는 이런 것이 있다.

"젊은 족장은 결단력을 몸에 익혀라. 즉 그때그때의 정세나 리더로서의 책무를 전부 고려한 다음에 행동해야 하는 시기인지, 대기해야 하는 시기인지를 보고 정확하게 결단하는 능력이 필요한 것이다. 말하자면 순발력과 유사한 결단이다. 우유부단은 부하, 동료, 상관을 혼란시켜 사기를 떨어뜨리고, 적을 이롭게 하는 결과를 낳는다."

결단하면 당연히 그 결과의 책임을 지는 각오를 해야 한다. 서장(序章)에서 언급했지만 아틸라 대왕은 책임을 져야 하는 리더의 의무에 관해서도 언급하였다. 다시 한 번 논해 본다.

"최후에 가장 중요한 나의 충고는 의무 수행에 필요한 희생을 마다한다면 결코 리더라고 하는 역할을 인수하지 말라는 것이다."

『해군차실사관수칙』의 '잡훈 10칙'에는 이런 것이 있다.

> "일을 하는 데 있어서 너무 빨리 추측하여 인정하지 말라. 예를 들어 충분히 알았다고 하더라도 한 번 더 생각하여 판단하라. 특히 함대의 기동훈련에서 관련된 신호의 경우 확실히 하라. 경솔하게 천박한 기억에 의하여 빠른 예측으로 판단에 착오를 가져올 경우, 결과는 대단히 중대한 사건을 야기한다."

훑어보고 결단하는 능력을 연습하라

결론이 날 때까지는 자신의 생각을 한 마디도 입 밖에 내지 않는 것이 현명하다. 확실히 복안이 결정되지 않은 중에 경솔하게 가부를 말하여 뒤에 가서 취소한다든지, 심기가 불편함을 입 밖에 내어 부하의 귀에 들어가게 하면 부하나 상관의 신뢰를 잃어버린다.

"A군의 의견도 좋고, B군의 의견에도 일리가 있다. 그러면 어떻게 해야만 하나?"라는 등 마음의 움직임을 정직하게 입 밖에 내는 지휘관이 있지만, 여하튼 이는 우유부단하다고 하는 인상을 타인에게 보여주는 것이다.

나폴레옹은 어린 시절 『플루타르크 영웅전』을 애독하였다. 거기서 고대 영웅들이 결단의 순간을 맞았을 때, 이를테면 시저가 루비콘 강을 건너 정권탈취를 할 것인가, 아니면 시간을 두고 때를 기다려야 할 것인가를 고민하게 하는 장면에서, 책을 덮어두고 자신이면 어떻게 할 것인지 깊이 생각하고 자신의 결론을 내린 다음에 다시 책을 펴고 읽어 나갔다고 한다. 말하자면 '훑어보고 결단하는 능력의 연습'이다.

일상 근무 시 상관이나 동료가 결단을 내리기 위하여 비지땀을 흘리며 고민하고 있을 때나, 아니면 『플루타르크 영웅전』을 읽는 나폴레옹과 같이 소설, 영화, 연극 등 가공의 이야기에서도 주인공이 결단의 압박을 받을 때 자신도 함께 하며 생각하는 습관을 몸에 익히는 것이 좋다.

아사마 산장 사건이나 공중납치 사건 등에서 책임이 무거운 결정권자, 명령권자가 고민할 때 '내가 알 바 아니다'라며 제3자적으로 방관하지 말고, 항상 나라면 어떻게 하겠다는 나름대로의 결론을 내리는 훈련, '훑어보고 결단하는 능력의 연습'을 수련하는 것이 좋다.

결단을 내리지 않는 것은 잘못된 결단보다 큰 죄

'결단을 내리지 않는 것'은 상황에 따라서는 나쁜 결단보다도 치명적인 결과를 초래하는 경우가 있다. 좋은 예가 소련 공군의 P.V. 루이챠코프 중장이다.

1941년 6월 22일 새벽, 히틀러는 독·소 불가침조약을 일방적으로 파기하여 '바바롯사 작전'을 감행하였다. 독일 공군은 약 1,000기의 항공 병력을 투입하여 소련 서부 군관구의 소련 공군을 철저히 격파하였다. 그 결과, 소련 공군은 개전 제1일에 약 1,200기를 상실하고 궤멸하였다. 그 주에 800기는 지상에서 격파되었다. 기습공격을 받은 루이챠코프 공군 중장은 전사상 유례가 없는 지시를 요청하는 전문을 모스크바에 타전하였다. 그것은 "제가 독일군의 공격을 받았는데 어떻게 할까요?"라는 것이었다. 이것을 수신한 소연방국방위원회의 지시도 실로 어리석은 것으로 "도발에 휘말리지 말라"는 것이었다.

이런 미결단과 책임회피의 본보기와도 같은 전보처리의 결과로 소련 공군은 지상에서 궤멸하고 말았다. 그러자 루이챠코프 중장은 책임을 모면하려고 했지만 그렇지 못했으며, 그 지휘하의 소련 공군을 궤멸시킨 책임을 물어 사형에 처해졌고, 예하 3개 비행사단 839기 중 654기를 개전 첫날에 상실한 서부방면 공군사령관 코베츠 소장도 자결하였다. 이 정도가 된다면, 가령 그것이 틀린 결단이라고 해도 '전항공기 공중으로 대피하라', 즉 '모두 도망쳐라'는 명령을 내리는 것이 더 낫다고 할 수 있다.

결단력의 적은 '사심(私心)'

나폴레옹은 세인트헬레나에서 부하 장성들의 결단력과 용기에 관해서 측근의 라스 카이즈 백작에게 "뮤러 원수도, 네이 원수도 모두 대령 때까지는 용감했지만 장성이 되고 나서는 대령 때까지의 용기를 잃어버렸다. 그것은 장성이 되어 상실되어 버리는 용기만을 가졌기 때문이겠지."라고 예리한 인물 비평을 하였다. 즉 '결단력'은 자신의 이익, 자신의 장래를 고민하기 시작하게 되면 바로 둔해지는 것이다.

아지노 모도(味の素) 사의 와타나베 분조 전 사장은 '결단'에 관하여 이렇게 말했다.

"사업을 하든, 인사를 하든, 결단의 순간에 무사(無私)상태가 되는지 그렇지 않은지가 문제이다. 나의 경우 기독교인이라는 점도 있지만, 종교라는 것이 때로는 큰 도움이 된다. 개인의 정을 떠나서 진정한 무사상태가 되어서 결단을 내리는 것은 실로 어려운 것이다."

일에 임하여 사심을 버리고 진정으로 전체를 위한 목적 달성을 위하여 '어떻게 하는 것이 올바르고, 효과적일까'라는 한 가지 생각으로 응집시켜 숙고할 때, 투명한 안목이 살아나서 '결단력'이 왕성해진다. 우선 무사상태가 되고 꿈속에서도 나를 잊는 경지에 들어가면 '결단력'은 싹이 트는 것이다.

지금까지의 인생에서 상관이나 선배가 모범적인 결단력을 발휘하

204 — 평상시의 지휘관, 유사시의 지휘관

는 모습을 몇 번이나 보아왔지만, 예외 없이 말할 수 있는 것은 그 순간 그 사람은 자신의 일을 생각하지 않았다는 것이다. 결단해야 할 때 현장지휘관은 '망아(忘我)' 상태에 들어가야 한다는 것이다.

아틸라 대왕의 유훈 「아틸라 왕이 가르쳐 준 궁극의 리더십」의 명훈을 다시 한 번 되새겨 보기 바란다.

> "어려운 결단을 내리는 능력이 있느냐? 없느냐? 이것이야 말로 족장과 부하를 구분하는 기준이다."

(4) 명령하고, 통솔하고 지휘하는 능력

현장지휘관은 'Hands on Manager'라야

현장지휘관이 부하에게 명령을 내리고 그들을 통솔하며 지휘하는 능력이 부족하다면, 이는 그러한 인물을 현장지휘관으로 임명한 인사의 착오라고 해야 할 것이다.

가능성을 추구하기에 앞서 곤란성에 먼저 집착하는 '어두운' 비관론자는 전문지식이나 기술면에서 발군의 우수한 인재라 할지라도, 말하자면 '학자 바보', '기술 바보'이며 인간이 이해할 수 없고, 인정의 의미를 알지 못하는 이런 인물을 현장지휘관으로 임명해서는 안 된다.

만약 인사상의 착오로 그러한 사람이 임명된 후 지휘관 적성이 없다는 것이 밝혀진 경우는, 본인의 장래를 위해서나 조직을 위해서뿐만 아니라, 부하들이 곤란하게 되므로 가능한 한 빨리 연구직이나 본부의 독임관(獨任官: 혼자서 하는 직무) 직책, 후방의 사무직으로 보직을 바꿔야 한다.

앞서 언급했지만, 영어로 현장지휘관을 'Hands on manager(손을 더럽히는 관리직)'이라고 하며, 그 반대는 'Hands off manager(손을 더럽히지 않고 깨끗한 일만 하는 관리직)'이라고 한다.

과거 미국 프로야구 신시내티 레즈 팀에 피터 로우즈라는 '플레잉 메니져'가 있었다. 일본에서는 매우 특이한 제도이지만, 감독 겸 선수의 역으로 보통 때는 감독을 맡고, 꼭 필요한 때는 타석에 들어선다. 미국에서는 이러한 발상이 각계에 깊숙이 전파되고 있다.

조금 낡은 자료이지만 1977년 미국의 펜타곤 인사 기록에 의하면, 미 육군의 전 장성 450명(이중에서 준장은 225명) 중에서 공정대 사령관 유자격자 233명(51.8%), 레인져 부대 사령관 유자격자 34명(9.5%), 합계 276명(61.3%), 즉 10명 중 6명이나 정예부대 출신으로, 공정대·레인저 부대의 지휘관 경험자였다.

이러한 철저한 현장주의는 허약한 일본의 관리직, 지휘관 양성 시스템에 시사하는 바가 크다. 일본 경찰의 경우에서도 총리비서관이나 인사, 회계 등 말하자면 '행정관리'(반대개념은 운영관리직, 형사, 경비 공안, 교통 등), 아니면 외무성에 파견된 외교관 경험자가 경찰청 장관, 경시총감으로 되는 경우가 많다.

현재의 구니마츠 다카지 경찰청 장관은 경비·형사 양면에서 현장을 경험하고, 나와 함께 동경대학 야스다 강당사건, 김대중 사건, 아사마 산장 사건이라는 전쟁 후에 열손가락 안에 드는 어려운 사건을 처리한 'Hands on manager'이며, 이노우에 유키히코 경시총감도 경시청 기동대장 경험자로서, 둘 다 미 육군 장성인사에 필적하는 '현장 이해자'이지만, 이것은 매우 드문 콤비네이션이다.

'새의 눈'과 '곤충의 눈'

현장지휘관은 진정한 수뇌가 아니다.

위로는 상관이 있고 밑으로는 부하를 가지는 일종의 '중간관리직'이다. 위로 상황을 보고하고 때로는 방안을 제시하거나 의견을 개진하며, 상층부의 정세 판단, 정책결정에 참여하고, 결정이 나든지 명령이 내려지면 자신이 수명한 명령을 집행하기 위하여 현장에서 부하들에게 지휘명령을 하는 역을 맡는 것이다. 그러한 의미에서 바로 'Hands on manager'이며 'Playing manager'인 것이다.

'Hands on manager'는 전략적 사고와, 가능하다면 전술적인 판단도 가능한 원·근시의 안구 조절이 가능한 사람이 바람직하다. 다른 표현을 빌리자면 '새의 눈'과 '곤충의 눈'을 갖춘 사람이라면 이상적인 현장지휘관이다. 선견지명을 갖고 앞을 투시하며 대국적인 조감도로 사물을 생각하고 바로 현장에서 임무를 수행하게 되면 치밀한 곤충의 눈으로 하나하나 세밀하게 진척시키는 실행력을 구비한다는 것이다.

'한신 대지진'의 교훈으로 되돌아가서 '새의 눈'의 중요성을 생각해 보자.

자위대의 출동이 늦었다던가, 차례로 병력을 투입하는데 실패했다는 비판의 소리가 높지만, 사실은 결코 그렇지 않으며, 중부방면대(사령부: 이타미)는 오전 6시, 지진 발생 14분 후에는 비상소집이 되어 출동준비태세에 들어갔다. 그러나 방위청, 자위대의 대응 과정에서 '새의 눈'이 결여되었다.

RF4 정찰기에 의한 항공사진을 촬영하고 바로 이를 현상하고 대외기관에 제공했어야만 했다. 방위청 본부를 통하여 총리관저나 국토청에 설치된 비상재해대책본부에 이를 제공하고, 재해 피해지 전모를 빨리 파악하는 것이 필요했다. RF 팬텀정찰기 비행은 지진이 발생한 1월 17일 오후에야 실시되었다.

고도 1만 미터 정도에서 조감도 사진을 촬영하고, 신칸센이나 고속도로의 붕괴상황, 도로의 손괴, 차량방치에 의한 교통장애, 건물도괴에 따른 통행불능 도로 등 '새의 눈'으로 전모를 파악하고 구조 활동의 작전을 세워야만 했다. 1시간 정도로 항공사진을 촬영하면 화재발생 지역도 포착할 수 있고, 화학소화액의 공중살포, 할로겐 소화

탄 투하, 아니면 해상자위대의 대형 헬기를 동원한 공중으로부터의 소화 등 초기단계에서 소화가 가능했다고 생각된다.

531개소의 화재(2월 16일 경찰청 조사)가 큰불로 번지게 되고, 이에 따라 난기류가 발생하여 헬기에 의한 소화 활동은 매우 어렵게 되었다. 만약 '새의 눈'으로 발화점을 포착하여 내각총리대신이 재해대책 기본법에 정해진 최고의 재해대책본부인 '긴급재해대책본부'를 설치하고 총리 자신이 자위대, 경찰, 소방서의 지휘권을 장악하여 파괴소방을 결단하고, 화학 소화제의 사용에 따른 예측 불가한 결과에 관하여 전적인 책임을 지는 각오로 공중에서 초기소화를 명령했더라면, 붕괴된 가옥의 지붕 아래 생매장되거나 맹렬한 불길 속에서 타죽은 많은 희생자들의 생명을 구조했을지도 모른다고 생각하면 유감천만의 일이다.

지휘관의 미결단·부작위는 때에 따라서 잘못된 결단보다도 나쁜 결과를 초래하는 수가 있다. 지진 발생 후 최초 24시간의 무라야마 총리의 무위·무정책의 모습은 전체 현장지휘관으로서는 '반면교사(反面教師)'인 것이다.

'명령·반대명령·혼란'

미국 아나폴리스 해군사관학교의 벽에는 'Order, Counter-order,

Disorder'라고 하는 계명의 글귀가 액자에 넣어져 걸려 있다.

이는 '명령·반대명령·혼란'이라는 의미이다. 상황·정보를 잘 파악하지 않은 채 성급한 상태에서 독단적인 명령을 내리지 말라는 것이며, 일단 내린 명령을 취소하고 다른 명령을 내리면 부하들은 혼란에 빠지게 되므로 명령을 내리기 전에는 호흡을 한번 쉬라는 뜻이다.

어떤 성급한 경찰청 장관이 한 부하에게 "내일 아침 제일 빠른 항공편 표를 구하라."고 명령하자 그는 "예!" 하고 바로 교통공사로 달려갔다. 그런데 바로 마음이 바뀐 장관은 "비행기는 안 되겠어, 취소하고 신칸센으로 하라."고 재명령을 내리자 이번에는 다른 부하가 "예!" 하고 뛰어나갔다. 헌데 또 생각이 바뀌어 "아니다, 역시 항공기다."라고 하자 또 다른 부하가 "예" 하고 뛰어나갔다. 결국은 항공권도, 신칸센의 그린권(특실)도 예약 후 취소하고, 또 예약하여 취소했으므로 어느 쪽도 표를 구하지 못했다 한다.

한 예로서 이런 일은 우스갯소리지만, 미드웨이 해전에서 나구모 주이치 제독의 '명령·반대명령·혼란' 같은 것은 국가의 운명을 좌우하는 것이었다.

나구모 제독은 적 항공모함이 없다고 잘못 판단하여, 지상기지 공격용의 폭탄으로 탑재무기를 전환하라고 명령하였다. 그러나 명령이 완료되었을 때 미 항공모함 발견의 급보를 접하게 된다. 그는 또다시 적 함대공격용 어뢰무기로 전환하라고 명령함으로써 대혼란을 야기했고 이로 인해 공격대의 발진이 지연되고 어뢰무기로 전환한 함재기가 갑판 전체에 널려져 있는 상태에서 일본의 항공모함 '아카기', '가카', '소류'가 미국의 급강하 폭격기의 기습을 받아 대패하였던 것이다.

명령은 간결, 명료하게

부대의 행동에 관계되는 명령은 부대가 크면 클수록 간결, 명료하지 않으면 안 된다. '어떻게 되면 무엇을 하라'는 해제조건이나 정지조건을 붙인 명령이나 '적시에 적절히 선처하라'는 종류의 명령은 발령자는 알고 있더라도 수령자는 상관이 어떤 것을 두고 적시·적절이라고 하는지 알 수 없는 '심리유보(心理留保: 마음속에 묻어두는 애매함)'가 붙은 명령으로서 혼란스러운 것이다. 더불어 중언부언하는 장황한 명령도 금물이다.

학원분쟁이 극성을 부리던 때, 동경 간다에 있는 중앙대학교의 캠퍼스에서 중대전공투(中大全共鬪)가 폭동을 일으켰다. 몇 개의 기동대가 출동하여 진압에 나서자 극좌과격파, 중대전공투는 헬멧과 몽둥이를 버리고 가까운 명치대학교 학생회관으로 도망쳐 들어갔고, 거기에서 투석을 계속하는 위험한 상황이 되었다. 헌데 이를 진압하기 위하여 경시청 제1방면 본부가 내린 명령이 복잡하고 길었다.

"명대학관(명치대 학생회관)에 들어가 농성하며 투석을 계속하고 있는 중대전공투를 공무집행 방해로 구속하라."

문서명령이라서 복잡하지 않으며 평시에 들으면 그렇게 길지도 않다. 그러나 선동연설의 확성기가 크게 울리고 호루라기 소리나 기동대 지휘관의 호령이 난무하며, 학생회관으로부터의 투석이 비 오듯 하는 현장에서의 명령으로서는 너무 길었다.

학생회관에 돌입한 기동대는 그 속에 섞여 아무것도 모르는 명치대학 학생을 포함 800명 전원을 검거하여 줄줄이 연행하였다. 다행히 수갑을 채우지 않았으므로 명치대 학생증을 소지한 자는 풀어주고, 중앙대 학생증 소지자, 신분증을 갖지 않았지만 손이 더럽혀진 자, 가솔린 냄새가 나며 데모에 가담한 자를 중점으로 현장에서 선별하여 약 200명을 연행하였다.

화가 나 여기저기서 항의하는 명치대 학생을 다독거려 학생회관 내로 돌아가게 했을 때, 역시 사정을 모르는 다른 기동대가 다시 '전원검거'를 해 버렸다. "어떻게 된 거야? 뭘 하고 있어! 죄명이 건조물 침입이야 아니면 공무집행 방해야, 바로 풀어줘! 명치대학생은 본건과 관계없어!"라고 우리들 현장지휘를 맡았던 간부는 고함을 지르며 사태수습에 나섰다.

뒤에 면밀히 원인 분석을 한 결과 명령이 너무 길어 기억할 수 없었고, 총괄 대장에서 각 기동대장에게 그 다음부터 대대, 중대, 소대, 분대로 전달되는 사이에 조금씩 명령이 둔갑하고 말았던 것이다. 또한 적용된 죄명까지도 '공무집행방해'에서 '건조물 침입죄'로 바뀐 것이다.

이 사건으로 경시청은 '공무원직권남용죄'로 고소당하고 사과를 거듭하여 겨우 화해를 받았다. 이는 명령 전달의 착오로서 있을 수 없는 실패의 사례이다.

명령에 관한 11가지 수칙

① 명령을 내린 후 망각은 금물이다

『해군차실사관수칙』의 '함내생활 일반수칙'에서는 이렇게 지시하고 있다.

> "왕성한 책임관념 속에서 항상 살아가라. 이것은 장교로서 가장 중요한 요소이다. 명령을 내린다든지, 아니면 이를 전달하는 경우에는 반드시 그 시행상태를 확인하고 보고하는 것이 처음으로 그 책임을 다하는 것임을 명심하라."

명령을 내린 사람이 잊어버리고 간신히 부하가 고생하여 실시한 결과를 보고했을 때, 상관이 '뭐라고?' 하면 사기는 저하되고 만다. 또 명령을 즉흥적으로 내리고 뒤에 망각해버린다면, 부하들은 으레 '그 상관은 곧 잊어버릴거야'라는 것을 기대하여 기한까지 하지 않게 되는 나쁜 습관이 붙게 된다.

② 명령에는 반드시 복명(復命)을 시켜라(수명 후 결과보고)
③ 시간이 걸리는 임무의 경우에는 '중간보고'를 하도록 반드시 독려하라
④ 명령은 반드시 복창(復唱)시켜라(명령을 받은 직후 수명자가 반복 설명)
⑤ 명령은 일련번호를 붙여 기록하고, 비망록으로 뒤에 활용하라

⑥ 명령은 가능하면 문서화하라

입에서 귀로 전달되는 구두명령이나 전화, 무선에 의한 명령은 착오가 일어나기 쉬우며, 시끄러운 논쟁거리가 될 수 있다.

각국의 군인들, 특히 참모직에 있는 자는 견장에 견식줄이 붙어 있으며 참모견장 등으로 불리고 있다. 지금은 그것이 장식에 지나지 않으나, 원래는 나폴레옹이 부하 지휘관, 참모들에게 자신의 구두명령을 종이에 받아 적도록 어깨에서 줄을 늘어뜨려 연필을 매어 둔 것이 참모견장(견식줄)의 시초였다고 한다.

⑦ 행동과 관련되는 명령에 앞서 '확인'하라

현장지휘관이 부하의 행동에 관계되는 명령을 내리는 단계에서는 반드시 한 호흡을 멈추고 '정보원(情報員)의 확인'을 하지 않으면 안 된다. 정보뿐만이 아니라 명령도 주의하기 위해 -혼란의 원인을 제거

하기 위해- 다시 한 번 확인해야 한다.

⑧ 용기를 가지고 '우회 보고'로 명령을 내려라

이미 앞에서 언급하였지만 '명령'에 관해서도 긴급사태에 직면한 현장지휘관은 직속상관이 부재중일 때는 상층부에 우회 보고하고, 지휘 조언을 하며, 우회명령이 내려지면 그것을 바로 집행하겠다는 용기를 갖지 않으면 안 된다. 직속상관에게는 가능한 한 빨리 연락을 취하여 사정 설명을 할 필요가 있다는 것은 말할 나위도 없다. 또한 직속 부하가 없을 때는 두 세 명의 지휘계통을 뛰어넘어 현장의 부하에게 직접 명령을 내리는 것도 불가피할 경우가 있다.

⑨ 돌발명령에서의 대처

아사마 산장사건이 일어난 1972년 2월 19일, 당시 경시청의 당직 기동대는 제9기동대(대장 오쿠보 이세오 경시)였다. 그날은 눈도 많이 내려 기상상태가 몹시 좋지 않았다. 또한 경시청과 나가노현 경찰본부의 업무협조에 관한 종합적인 세부하항도 아직 결정되지 않은 상태였다. 그럼에도 불구하고 제9기동대에는 '가루이자와로 출동하라'는 출동명령이 내려졌다.

현장지휘관은 이러한 방식에도 바로 적응해야 하며, '정세가 상세히 알려지면' 등의 이유로 주저해서는 안 된다.

"시대 분위기 휩쓸린 日 전공투, 열기 식자마자 소멸"

프랑스의 68혁명이 세계를 뒤흔든 1968년은 일본 학생·좌파운동사에서도 전환점을 이룬 해다. 1960년 미·일 안보조약 반대투쟁 이후 가장 격렬한 학생운동이 그해 '전국학생공동투쟁회의(전공투)'의 주도 아래 벌어졌다. 운동은 이듬해 1월 경찰기동대가 도쿄(東京)대 야스다(安田) 강당을 점거한 학생들을 진압하면서 고비를 맞았다.

■ 1960, 70년대 日 좌파운동
도쿄대 사건 이후 전공투 쇠퇴
소수 적군파 극단주의로 자멸

유럽이나 미국과 마찬가지로 일본의 1960년대 역시 학생운동의 시대였다. 1960년 '미·일 안보조약'에 반대해 이를 개정하자는 운동이 격렬하게 일어났다. 운동은 좌파의 영향 하에 있던 전국일본학생자치회총연합(전학련)'이 이끌었으나 곧 당파 간 노선싸움으로 이합집산을 거듭하면서 학생들로부터 고립돼 갔다.

이와 달리 1965년 이후 등록금 인상, 교원 임용 등 학내 문제를 걸고 투쟁을 시작했던 '전국학생공동투쟁회의(전공투)'는 당파를 초월한 대중학생운동으로 자리 잡았다. 전공투는 전성기인 1968년 말 일본 전국 116개 대학에서 학내 분쟁을 일으켰고 15개 대학을 점거했다.

이 중에서도 도쿄대 야스다(安田) 강당은 일본 학생운동의 상징이었다. 학생들은 1968년 7월부터 야스다 강당을 점거하고 장기 농성에 들어갔다. 농성은 이듬해 1월 18일 8000여 명의 경찰기동대 진입 작전으로 야스다 강당이 불타고 농성 학생이 전원 체포되면서 막을 내렸다. 이날을 기점으로 학생운동도 세가 기울어 갔다. 그러나 일부는 소수 과격화됐다. 특히 적군

일본 경찰이 1968년 7월 학생들이 점거한 채 장기 농성을 벌이고 있는 도쿄대 야스다 강당 주변을 포위하고 있다. (사진 제공 아사히신문)

파는 1970년 3월 도쿄에서 후쿠오카(福岡)로 가는 여객기 요도호를 공중 납치해 평양으로 날아가면서 그 이름을 세계에 알렸다.

일본 국내 적군파의 활동은 1972년 2월 일어난 아사마(淺間) 산장 사건으로 종지부를 찍었다. 경찰에 쫓겨 산악지대를 떠돌던 적군파 일부가 산장에 난입해 인질을 잡고 무려 열흘간 경찰과 총격전을 벌이며 대치하다 검거됐다. 검거작전은 전국에 생중계돼 최고 89.7%의 시청률을 기록했다. 그 뒤 경찰 조사에서 이들이 도피 과정에서 29명 중 14명을 '처형' 명목으로 살해한 사실이 드러나 일본 국민에게 충격을 안겼다.

일부 살아남은 적군파는 1972년 5월 이스라엘 텔아비브공항 총기 난사 사건 등을 일으키며 국제테러세력으로 부상했다. 일본의 좌익세력은 결국 내분과 극단화를 통해 자멸의 길을 걸은 셈이다.

⑩ 이중명령이나 마구잡이 명령은 금물

뭔가 일이 발생했을 때는 주어진 인력, 예산, 권한, 노하우 등 모든 것을 하나로 응집시켜 집중 운영하여 피해를 줄이는 조치를 취해야 한다. 몇 가지의 일이 가능하다고 해서 동일인물에게 이 일에서 저 일로 '이중명령', '삼중 명령'을 내려서는 안 된다. 그리고 어떤 일이든지 업무를 할당하지 않고 애매하게 밀어붙이는 '마구잡이 명령'을 내려서는 결코 안 된다.

"자네는 복사담당, 자네는 전화수신, 자네는 도시락 조달과 차량 운용" 등등 이처럼 부하를 전부 파악하여 하나하나 구체적 임무를 부여하고 전원이 참가의식을 갖게 해야 한다.

과거에 야마가케(山陰) 지방의 터널에서 차량 수십 대의 추돌사고가 일어난 적이 있다. 당시 경찰청장관 고토 다마사하루 씨는 경비국의 나카지마 참사관에게 현장 급파를 명령해 나카지마 참사관은 급히 신칸센을 타고 현지로 향했다. 그런데 그 직후 하네다 공항에서 공중 납치 사건이 일어났다. 어찌된 영문인지 '면도칼 고토다'라는 별명을 가진 장관이 '나카지마 참사관, 하네다 파견'이라는 명령을 내린 것이다. 동일 인물에게 물리적으로 실시 불가능한 '이중명령'이 내려져 버린 것이다.

만일 측근들이 "저, 나카지마 참사관은 다른 명령으로 야마가케로 향하고 있습니다만…"이라고 조언했더라면 좋았을 텐데, 불행히 모두 예스맨으로서 "예 알겠습니다."라고 대답하고는 그 명령을 전달하여 버렸다. 곤란해진 것은 나카지마 참사관이었다.

나카지마는 "아마 장관은 공중납치를 더욱 중대하게 생각한 것이다. 후명(後命)은 전명(前命)에 우선 한다"라고 판단하여 나고야에서 하차, 상행 신칸센으로 갈아탔다. 그런데 그가 동경역에 도착하기도 전에 하네다 공항 공중납치 사건의 범인은 체포·구속되었다.

'이중명령'은 혼란의 뿌리이다.

⑪ 명령계통을 일원화하라

일원화 되지 않은 지휘명령은 혼란을 가중시킨다. PKO 문민경찰관의 캄보디아 파견이 좋은 사례이다. 캄보디아 현지에서의 지휘권은 유엔 UNTAC에 있다는 것은 분명한 데도, 일본 국회에서는 토론에 의하여 "국제연합의 것은 '지시', 일본정부의 것은 '명령'이라는 애매한 상태로 문민경찰 75명을 현지에 파견하였다. 다카다 하루유키 경시가 순직했을 때 야마자키 히로토 경찰대장과 크라우스 PKO 문민경찰사령관의 명령이 '대피하라'와 '현장을 이탈하지 말라'라는 두 가지 명령이 나왔던 것이다.

프랑스 혁명 때, 파리 혁명정부가 이탈리아 전선의 사령관이었던 나폴레옹의 인기를 질시하여 2인제 지휘체제를 선포하여 케라만 장군을 파견했을 때, 나폴레옹이 그를 되돌려 보내며 "두 사람의 우수한 장군보다 한 사람의 우둔한 장군이 낫다"라는 유명한 말을 하였는데, 이것이 지휘명령의 본질이다.

제5장 · 현장지휘관의 '통솔원리'

- 소기의 목적을 달성하기 위한 방법론 -

지휘관이 알아야 할 10가지 수칙

인간은 집단생활을 하는 동물이며, 인간사회에서 전쟁, 내란, 폭동, 형사범죄, 천재지변의 대재해 등 비상사태가 불가피하게 일어나는 이상 '지휘관 수칙', '통솔의 원리'라고 하는 리더십론은 영원한 과제이며, 그것은 계량화(計量化)할 수 없는 심오함과 범위를 갖고 발전시켜야 할 '인간학'의 넓은 분야이다.

이 책은 리더십 입문서로서 아직도 토론의 대상이 될 만한 많은 문제점이 있으며, 인용·소개하고자 하는 많은 사례가 산적해 있지만, 한편으로 본서를 정리함에 있어 '지휘관의 일반수칙 10가지'를 열거해 본다.

① 정보를 파악하라

군사평론가 오가와 가수히사 씨는 자신의 저서 『신 북조선과 일본』이라는 책에서 "논어를 읽으면서 논어를 모른다."라고 경고하였다. 그는 『손자병법』의 한 구절, 즉 '지피지기백전불태(知彼知己百戰不殆)'를 인용하며 정보의 중요성을 설파하였다.

"적을 알고 나를 알면, 백 번 싸워도 위험하지 않다."라고 하지만, 중요한 것은 이와 관련된 다음 두 가지 구절이다.

"적을 모르고 나를 알면 1승 1패"
"적을 모르고 나를 모르면 싸울 때마다 위태롭다."

이것은 그대로 지휘관 수칙으로 통용 된다.

② 선두에 서라

본서의 서두에서 언급한 것처럼 '신사와 사관'은 동의어이다. 지휘관은 평화스러운 일상의 안전한 상황에서는 After you의 정신을, 생명을 건 위험한 상황·위기 시에는 단연코 Follow me!(나를 따르라)의 정신이 필요하다. 여기에는 확실히 용기가 있어야 한다.

『해군차실사관수칙』의 '부하통솔상 필수요소' 세 번째에 해당하는 '용(勇)'의 항목에서는 다음과 같이 언급되어 있다.

"지휘관의 용기는 부하로 하여금 물불을 가리지 않게 한다. 스스로 선두에 서서 전진함은 무인(武人)의 본분으로서 용기 없는 무인은 부하를 통솔하는 자가 아니다. 만약 부하의 면전에서 비겁한 행위를 할 때는, 지휘관으로서의 권위가 실추된다. 용장 밑에 약졸은 없다. 무용(武勇)은 무인이 가져야 할 고귀한 가치관으로서 통솔의 제3요소(지(知), 인(仁), 용(勇))이다. 용(勇)의 항목에서 말하는 무인(武人), 무용(武勇)을 오늘날에 '리더'나 관리직의 넓은 의미에서 '용기'라고 전환시키면 그대로 현대사회에서도 통용된다.

③ 인내하라

『해군차실사관수칙』의 '청년장교에 대한 훈시'에는 다음과 같은
문구가 있다.

> "인내력은 용기의 일종이다. 이것을 결한 자에게 대사를 맡길 수 없다."

또한 한나라 고조 유방과 전 유럽의 왕들을 두려움에 떨게 했던 훈
족의 아틸라 대왕은 "평범하고 충실한 부하는 자주 칭찬하라. 그러
나 유능하지만 성실하지 못한 부하를 용인해서는 안 된다."라는 유
훈을 남겼다. 상관으로부터 꾸중을 받을 때의 자제도 인내의 일종이
다. 누구라도 실패와 과오가 있기 마련이다. 단 한 번도 상관으로부
터 꾸중 받은 적이 없는 조직인은 없다.

문제는 꾸중 받을 때의 태도이다. 의기소침 한다든지, 본말이 전도
되어 '발이 있으므로 무좀이 생긴다.' 또는 '소방차가 출동하니 화재
가 났다'라는 종류의 아무 소용없는 우둔한 말을 한다든지, 부하에게
책임을 전가하여 자기만 똑똑한 자라고 생각하는 경우, 부하는 묵묵
히 보고 있지만 마음속으로는 엄한 비판을 가한다.

상관이 그 위의 상관에게 꾸중을 들을 때 부하는 모두 무슨 일인가
싶어 원인을 알기 위하여 귀를 기울여 강한 호기심을 가진다. 만약
문책을 받는 태도가 의연하고 좋으면, 부하와의 신뢰도는 보다 높아
진다.

『해군차실사관수칙』의 '청년장교에 대한 훈시'에는 "상관의 질책을 받을 때는, 오해 또는 무리한 꾸중이라고 생각되어도, 일단 겸허하게 이를 수용하고 시간이 지난 후에 해명 할 것이 있다면 서서히 기회를 보아 해명하라. 한탄이나 거부감을 가지고 즉각 흥분하여 이에 대응하는 것은 도량이 좁은 소인배의 행위이다."라고 하였다.

또 '함내 생활의 일반수칙'에는 "불관기(不關旗: 함대가 기동중 기관이나 키의 고장으로 편대행동이 불가능한 경우 그 의사를 전달하는 기류신호)를 게양하지 말라"는 문구가 있다. 이는 곧 고개를 돌려 외면하지 말라는 것이며 무관심한 행동을 하지 말라는 것을 의미한다. 열심히 한 일에 대하여 준엄하게 질책을 받든지, 평상시보다 심한 말을 들을 때 외면하는 경향을 보이게 되면, 이는 큰 문제가 되므로 신중해야 하고 그럴수록 쾌활해야 한다. 외면하는 것은 자만심 또는 자기도취가 심할 때 일어난다. 불평을 말하기 전에 자신을 되돌아보고, 자만심의 콧대를 꺾어 버려라. 그래도 꾸중을 들을 때가 좋은 때이다. 꾸중을 하는 사람이 없다는 것은 당신이 잘해서가 아니라 당신을 포기한 것이다.

④ 인재를 선별하라('예스맨'과 '노맨'의 구분)

아틸라 대왕의 어록을 살펴보자.

- 무슨 일이든지 찬성만 하는 측근의 족장들에게 둘러싸여 있는 왕은 평범한 조언만을 받을 뿐이다.

- 틀린 질문을 하는 족장은 틀린 대답만을 들을 뿐이다. 이는 당연한 이치이다.

호츠다 츠토무 씨는 『겸허한 상관』(1994년 일본경제신문사 刊)이라는 자신의 저서에서 이렇게 말한다.

- 아첨하는 사람이 줄어들지 않는 것은 아첨하는 사람을 중용하는 사람이 줄어들지 않기 때문이다.
- 부하에게 책임감이 없다고 한탄하는 사람이 있는데, 부하의 책임감을 육성시키지 않는 것은 그 사람의 책임이다.
- 권한의 힘을 자신의 힘이라고 착각할 때부터 타락은 시작된다.

또 파고니스 중장은 그의 저서 『산, 움직이다』에서 앤드류 카네기의 묘비명을 인용하였는데 이는 매우 좋은 참고가 된다.

"자신보다 훌륭한 사람들을 주위에 불러들려 활용한 사람이 여기에 잠들다."

⑤ 꾸중에 앞서 칭찬을 먼저 하라

현명한 지휘관은 다음과 같은 방식, 즉 "해보라" "해보이며" "칭찬하여 하게 한다"라는 방법으로 부하를 키워 공적을 쌓는다.

넬슨 제독은 어느 함장이 젊은 장교에 관하여 불평을 할 때 "내게

보내게. 내가 훌륭한 인간으로 만들어 보겠네."라고 대답했다고 한
다(미 해사 독본 『리더십』에서). 상벌의 문제에 관해서는 호츠다 씨의 저서
『겸허한 상관』에 있는 '상관의 구분'이 매우 적절한 표현이므로 그대
로 소개한다.

- 칭찬해야 할 때는 칭찬하고, 꾸짖어야 할 때는 꾸짖는 상관
- 칭찬할 필요가 없을 때에도 칭찬하고, 꾸짖을 필요가 있을 때에도
  꾸짖지 않는 상관.
- 칭찬도 하지 않고 꾸짖지도 않는 상관
- 칭찬해야 할 때 칭찬하지 않고, 꾸짖을 필요가 없을 때 꾸짖는 상관

그렇다면 훌륭한 꾸중 방법에는 어떤 것이 있을까?

〈직접 본인에게 주의를〉

얼굴을 대면해 주의를 주는 것이 불가능하여 상관에게 보고한다
든지, 부하들에게 흘려 간접적인 효과를 기대하는 것과 같은 방법은
좋지 않다. 싫더라도 업무상 주의는 직장에서 얼굴을 마주 대하고 주
어야 한다.

〈간부를 부하 앞에서 꾸짖지 말라〉

『해군차실사관수칙』의 '부하지도에 관하여'에는 다음과 같은 문구
가 있다.

"수병들의 나쁜 점이 있으면, 그 자리에서 바로 꾸짖어라. 온정주의
는 절대 금물. 그러나 꾸짖을 때는 장소와 상대를 보고 하라. 정직하
고 소심한 어린 수병을 엄격하고 냉혹한 말로써 꾸짖는다든지, 또 하
사관을 수병들 앞에서 꾸짖는 것은 백해무익한 것임을 알라."

집요하게 끝없이 구질구질하게 꾸짖는 것은 삼가는 것이 좋다.

〈'꾸짖다'와 '화내다'의 차이〉

누가 보더라도 꾸중을 들어 당연하다고 생각되는 사실, 예컨대 공
무상의 실패와 같이 객관적으로 보아 꾸짖어야 하는 것은 꾸짖을 것.

개인의 자존심을 상하게 한다든지, 자신의 권위가 무시되는 것처
럼 개인적인 동기에서 감정적으로 '나를 깔보는 거야?' 식으로 꾸짖
는 것은 오히려 지휘관의 권위를 실추 시킨다. 꾸짖는 것은 화를 내
는 것이 아니다. 감정의 발작이 아니라 이성의 임무이다.

〈불필요한 자존심을 건드리지 마라〉

동료나 부서 외부사람의 면전에서 꾸짖는 것은 신중해야 한다.

반감을 가지면 꾸중은 역효과가 난다. 자신의 권위 과시를 위하여
제3자의 앞에서 함부로 부하를 꾸짖는다든지, 뒤에서부터 옆으로 다
가와 '그것은 연극이었어, 신경 쓰지 마'라고 하는 것은 꾸중 받는 쪽
에서도 유쾌하지 못하며, 당한 사람들도 오히려 반감을 갖는다.

〈질책의 목적은 무엇인가?〉

같은 꾸중 방법이라도 '너 같은 사람 필요 없어', '사표 내', '이런 것도 모르나? 자네 대학 나왔어?'라고 하는 것은 질책이 아니라 모욕이다. 질책의 목적은 같은 실무의 재발을 방지하기 위하여 부하의 반성을 이끌어 내는 것이다. 같은 말이라도 '조금 노력이 부족 하군' 또는 '자네가 한 것이 어떻게 되었나?'라고 하는 질책 방법이 기본적으로 그 부하의 가치를 인정하는 것이 전제된 것처럼 전달되므로, 부하를 반성시켜 분발시키는 효과가 있다.

〈전후사정을 잘 파악한 뒤에 꾸짖어라〉

경박스럽게 소문이나 악의에 찬 중상 등에 바탕을 두고 부하를 꾸짖지 말라. 뒤에 역겹고 나쁜 생각을 하게 되며, 꾸중 받은 자는 입으로는 '예, 알겠습니다.'라고 하지만, 내심으로는 다른 생각을 하며, 잠재적인 불복종 인물이 될 것이다.

⑥ 통솔력의 근원은 '인간애'

부하에 대한 '인간애'라는 것은 동서고금을 막론하고, 역사에 이름을 남긴 명장들의 통솔력의 근원이었던 것을 알렉산더 대왕, 한니발, 스키피오 등의 사례에 나오는 '명장의 모습'에서 이미 언급했다.

파고니스 중장의 저서 『산, 움직이다』에서는 아이젠하워 원수가 제2차 세계대전 중, 실로 부지런히 전선에서 장병들과 '잡담'을 나눈 사실을 언급하고 있다. 또한 『해군차실사관수칙』에도 여기저기서 부하에 대한 애정을 표시하는 방법을 구체적으로 언급하였다.

이를테면 '부하지도에 관해서'에는 "일신사의 일까지 적극 개입하여 보살펴주는 마음을 가져라. 분대의 입원환자를 때때로 위문하는 정도의 친절이 필요하다."라고 언급하였으며, "석탄적재 등 어려운 작업 시에는, 장교는 작업이 끝난 뒤 마지막에 귀대하도록 하며, 추울 때에 해수를 뒤집어쓰면서 작업한 사람에게는 목욕이나 위생주를 보살펴 주도록 하라"고 언급하였고, "부하에게 일을 시킨 후 그 종료 보고를 들으면, 노력에 대한 감사의 마음을 잊지 말고, '고맙네, 수고했어.'라는 짧은 말 한 마디가 가장 싸면서도 유효한 것이다."라고 언급하였다.

모두 인간심리의 미묘한 움직임을 파악하는 구체적 교훈이므로, 내일부터라도 바로 실행할 수 있는 노하우라 할 것이다.

자신의 권한이 허용되는 범위에서 부하의 복지후생문제에 관심을 표시하고 근무환경이나 제반 장비, 기재의 개선에 적극적으로 노력을 기울이는 지휘관은 언젠가 부하에게 어느 정도의 무리를 강요하거나 위험이나 불이익을 참을 수 있게 한다.

예컨대 휴가의 문제도 마찬가지로 호츠타 츠토무 씨는 그의 저서에서 "특별한 이유 없이 휴가 승인을 미루는 상관은 근무시간 중에 부하가 놀고 있는 것을 묵인하는 상관과 마찬가지로 나쁜 사람이다.”라고 했는데, 휴가공포증, 즉 자신이 없어도 사무실을 움직이고 있다는 것이 증명되는 것을 두려워하는 상관은 오히려 부하가 기피하는 인물이 된다.

신참자에게 친절히 하는 현장지휘관을 보면 매우 따뜻한 심성의 소유자로 여겨진다. 봉건시대의 도제식(徒弟式) 제도나 귀족 집안 여종의 세심한 배려와 같이 신참자에게 친절하게 해주고, 새로운 직장 소개, 업무개요, 동료소개, 최초 1주간의 구체적 일정, 인사를 위해 돌아다니며 소개 등등 꼼꼼하게 매사를 인내하며 지도하는 현장지휘관은 직장의 인간관계를 인정이 듬뿍 흐르는 환경으로 변모시킬 것이다.

건강관리에 있어 사소한 위로의 말도 중요하다. 부하의 기득권을 침해하고, 불이익을 주는 방향으로 규제를 변경해 새로운 제약을 가하며, 여비 일당 등을 예산상의 이유로 삭감하는 등 부하에게 불이익을 주는 직장 운영상의 변화에 관해서는 모른척하고 가능하면 건드리지 않으며, 듣게 되더라도 ‘상부에 문의해 보게’ 등 설명을 피하는 자세는 바람직하지 않다. 이것을 권력적 명령, 특별권력관계에 의한 상의하달로만 얼버무리지 말고, 가능한 한 이유를 설명하고 납득시키면서 불평불만을 잠재화시키지 않는 것도 중요하다.

〈잘못을 고치는 데 주저하지 말라〉

자신이 틀렸다고 생각되면, 솔직하게 아니라고 인정하고 사과해야 한다. 구질구질하게 변명을 하여 자기를 정당화 시킨다든지, 체면에 구애되어 고집을 부리면 권위를 실추시킨다. 솔직하게 사과하는 태도는 무엇보다도 남자답고 시원스럽다.

『해군차실사관수칙』 '부하통솔상의 필수요소'에는 이런 말이 있다.

> "정도를 걷는 것은 반석과 같은 굳건함을 필요로 하지만, 과도하게 집착하고 완고하기만 하면 안 된다. 잘못을 알게 되면 부하 앞에서도 고쳐라. 우리가 이렇게 함으로써 위신을 올리는 것이지 결코 실추시킬 일은 없을 것이다."

〈친근함과 버릇없음을 구별하라〉

함께 악한 행동이나 비행을 범하자고 부하가 유혹한다거나 공사(公私)를 혼동한 나머지, 공적인 상황에서 사적으로 사이가 좋다고 하는 것을 과시한다거나, 속으로 특별취급을 요구한다든지, 정당한 직무명령에 대하여 이유 없이 우물쭈물하며 즉시 시행하지 않는다면 그러한 부하의 태도는 이미 친근함을 초월하여 버릇없는 행동의 발로하고 하지 않을 수 없다.

공무의 장소에서는 공사를 엄정하게 구별하고, 친근함과 버릇없음을 구별해야 한다. 반대로 공적인 상황에서의 특별 권력관계(상관과 부하의 관계)를, 즉 상대를 개인 사택에 호출하는 경우나 한 잔 하러 가는 음식점 등에서 과시해서는 안 된다. 또 부하의 가족들을 부하 취급한다든지, 자신의 집에 부하들을 초대한 경우 자신의 아이들이 무례한 태도를 방임해서는 안 된다.

사적인 장소에서도 상대방의 부인, 양친, 자녀들 앞에서는 직장 부하라 해도 결코 함부로 부르지 말고 'OOO 씨', 'OOO 씨'라고 부르며 부하의 체면을 구기지 않도록 인격을 존중하는 것이 신사다운 지휘관의 도리이다.

⑦ 물욕에 대한 자세

금전에 더러워지고, 술, 담배, 음식물에 욕심을 내며, 토산품이나 물품을 밝히는 상관에 대한 부하의 비판은 예상 외로 엄격하다. 금전에 담백하고, 물욕이 없는 상관은 그 청빈함으로 부하의 존경을 받는다. 물욕을 자제하는 청렴한 상관은 언제나 명랑하다.

사무실에 도착한 오쥬겐(양력 8월 15일 선물), 오세보(설날 선물)를 부하에게 명령하여 자택으로 반출하거나, 할인업자로부터 값싸게 사서 비싸게 팔아 환금하는 상관보다는, 부하에게 나누어 주거나, 망년회에 지참용 술로 기부한다든지 부하들의 마작대회에 상품으로 내는 상관이 인기가 있다는 것은 말할 나위조차 없는 것이다.

공짜 술, 공짜 담배, 외상값 미루기, 회비·경조비 할당, 마작, 골프 등에서 돈 빌리기 등 당연히 지불해야 할 돈을 주지 않고 연체하는 것, 부하로부터 빌린 후 갚지 않는 것, 증여품을 좋아하는 행위, 물건을 사도록 의뢰하여 돈을 주지 않는 등 여러 가지로 부하들에게 폐를 끼치는 사람들은 『부하가 본 감독자론』을 참고하면 일목요연하다. 어떤 의미에서는 매우 씁쓸한 자료이지만 반면교사로서 눈여겨보아야 할 내용들이다.

⑧ 책임지는 방법, 지게 하는 방법

일본식의 책임론은 아마레슬링의 채점법과 같은 '감점주의'다. 주어진 점수는 5점. 폴승을 거두면 감점은 0, 판정을 거두면 1점의 감점이다. 폴로 지면 일거에 4점을 잃는다. 다음 승부에서 판정으로 이기더라도 주어진 점수가 0으로 되어 실격된다. 현장지휘관은 부하의 근무평정을 감점법의 레슬링 방식으로 해서는 안 된다는 것은 말할 나위조차 없다. 스모(일본씨름)의 룰을 채택하여 8승 7패는 승리라고 인정해 주어야 하는 사고를 지녀야 한다.

책임이란 할복, 사직, 좌천, 징계처분과는 동의어가 아니다. 격투기의 교훈 '패배 후의 책임론'이야말로 현장의 책임론이다. 한번 패한다고 해서 사임하는 것은 한편으로는 깨끗하다고 볼지는 몰라도 무책임한 것으로서 야기된 사태를 수습하고, 해결한 다음 스스로 진퇴를 결정해야 하는 것이다.

⑨ 독단전행의 용기도 필요

현장지휘관은 법비(法匪: 규정에 따라 매사를 조치하는 자) 즉 법과 규정을 고집하는 머리가 굳은 사람처럼 근무해서는 안 된다. 때와 장소에 따라서는 자연법의 '법3장'(중국의 한고조가 공포한 3개조(살인, 상해, 절도)만을 처벌하는, 다시 말하여 법률의 간략화를 의미)의 정신으로 현학적인 규칙과 훈령을 무시하고, 부하의 생명을 구하며, 조직을 파멸에서 구하는 용기가 필요하다.

현장지휘관에게 어느 정도까지 '독단전행(獨斷專行)'의 지휘권이 주어지는가라는 문제는 아직도 남아 있는 조직의 영원한 과제로서 백 점 만점의 모범답안은 없다. 그야말로 Case by case로서 양식(良識)에 의하여 판단해야 할 것이다.

넬슨 제독이 코펜하겐 해전에서 덴마크 함대에 대승한 것도 분명히 명령을 무시한 '독단전행'의 결과였다.

윌리엄 가스 파고니스 중장은 그의 저서 『산, 움직이다』에서, 베트남전쟁 중 자신이 행하였던 교묘한 명령 무시의 '독단전행'에 관하여 언급하고 있다. 파고니스는 육군 수송 제1096중대의 중대장으로서 베트남전에 출전하였다. 그가 매콩 강 유역의 하천 포정대(砲艇隊) 지휘관으로 행동하는 중에 가톨릭 고아원의 신부와 원아들을 구출하기 위하여 출동한 보트부대가 베트콩의 십자포화를 맞아 전멸 당할 뻔한 적이 있었다.

대대장으로부터는 '구조작전에 가지 말라'라는 명령이 있었지만, 이것은 틀린 명령이라고 판단한 파고니스 대위는 "나는 무전기 고장으로 가장 했다. 전통을 자랑하는 군대에서도 잘못된 명령을 받을 때 사용하는 하나의 수법이다"라고 하며, 대대장의 명령을 무시하고 독단전행으로 부하들의 구출에 임하여 무사히 그들을 생환시킬 수 있었다고 한다.

이러한 수법을 결코 사용해서는 안 되지만, 인명의 안전이나 조직의 운명에 관련된 경우에, 특히 현장지휘관으로서는 만용이란 모험으로 독단전행을 해야 하는 경우가 있음을 마음에 새겨야 할 것이다.

⑩ 사기앙양이야말로 현장지휘관의 사명

현장지휘관의 일상적 임무는 조직의 규율 유지이지만, 비상사태나 전투 상태에 들어갔을 때의 임무는 '사기앙양'이다.

『사업경영과 인사관리』(혼다 및 엔도 공역, 1952년, 이시자키서점 刊)라는 책에서 저자인 요더 씨는 사기에 관하여 논하고 있는데, 그 요지를 소개하면 다음과 같다.

- 사기(士氣)는 작업환경에 있어서 물리적 조건보다 더 작업에 영향을 끼친다. 사기는 개인적 정신 상태라기보다는 집단정신상태이며, 그들의 일, 조직, 기타 노동조건에 대한 태도이다.
- 사기를 유지하는 요소는 흥미(동료로부터 인정받고 싶고, 공적을 쌓고 싶으며, 보다 나은 대우, 승진에 대한 희망 등) 및 역할 의식이다. 반면 사기를 저하시키는 요소는 단조로운 지속성과 피로(육체적, 심리적)이다.
- 사기가 고양되면 분쟁이 감소되고, 규율 위반도 줄어들며, 분쟁의 심각성도 감소한다. 반대로 사기가 낮아지면, 기타의 노동조건이

나 물질적인 조건이 매우 좋더라도 규율 위반이나 분쟁 증가, 생산 능률 저하, 결근, 지각, 속임수, 배치전환 희망 등 도피적인 태도, 관리자가 취하는 통제를 불공평, 부적당, 불합리하다고 느끼는 경향, 개선을 요구하는 군중행동(데모 또는 노동쟁의) 등 바람직하지 못한 현상이 발생한다.

– 성문화된 또는 불문율로 된 규율의 위반은 사기저하의 징조이다. 사기의 수준은 규율위반, 징계에 관한 기록에 의거하여 측정된다.

또한 와세다 대학의 도가와 교수가 경찰대학에서의 '사기문제'라는 제목으로 강연을 실시한 것이 「경찰학 논집」(1957년 1월, 2월호)에 연재되어 있는데, 이를 인용해 본다.

"개인의 능률이나 업무의 실적은 반드시 그 사람의 재능과 정비례한다고 볼 수 없으며, 어떤 조건하에서 그 업무를 하느냐에 따라 발휘되는 역량은 매우 차이가 난다. 이 역량이 최대한 발휘되는 조건은 '집단'이다. 혼자서는 도저히 걸어갈 수 없는 먼 거리라도, 단체로 걸어가면 가능한 것처럼(遠泳, 행군 등), 혼자서 하는 것보다 집단 속에서 하는 방법이 의외의 상승효과가 높은 경우가 있다. 그 집단의 분위기가 각 개인의 역량을 최대한으로 발휘하게 한다면, 그 단체는 '사기'가 높다고 할 수 있다."

– 다른 집단과 비교하여 물리적 조건이 불리하더라도, 사기가 높으면 보다 훌륭한 힘을 발휘할 수 있다.

- 사기의 제1조건은 '공통의 목적', 제2조건은 '각 개인의 역할 의식', 제3조건은 '동질감'(동료의식)이다. 집단이 공통의 목적을 갖고, 전체 구성원이 같은 목적의식으로 자신의 역할을 인식하여, 동일 목적을 위하여 노력하게 된다면 집단의 단결력은 강화되고 응집력이 생긴다. '공통의 목적'으로서 가장 효과적이며 자주 사용되는 정책은 '위기의식'을 갖게 하는 것이다. 군대의 단결력은 위기의식에서 생겨난다.

- 강제적 구속으로 개인을 전체에 속박시키는 단체는 공통목적을 자각하여, 다른 사람으로부터 명령을 받지 않고, 자발적으로 자신의 역할을 다하려는 집단보다 사기가 낮다. 구성원 모두가 자신의 업무가 전체의 목적에 대하여 어떠한 의의를 갖는 것인지, 자신의 업무를 적절히 가감함에 따라 자신의 역할을 수행하지 못하면 전체에게 어떤 해를 끼칠 것인지, 집단 공통목적의 실현을 위하여 어떠한 영향이 있을 것인지, 반대로 자신이 열심히 하면 그 단체의 활동에 어느 정도 이익이 될 것인지를 자각하게 되면, 그 단체의 사기는 저절로 높아진다.

- 올림픽에서 국기가 게양될 때 전 국민이 감격하는 것처럼, 자신이 속한 단체가 명예를 얻으면 나 역시 기쁨을 느끼는 동류의식(同類意識: 집단과 자신을 동일시하는 감정)이 생기게 된다. 구성원 집단에 대한 애정을 길러 두면 사기는 매우 고양 된다.

- 장래에 대한 안정감을 제시하라. 업무에 대한 투명성, 승진의 가능성 및 처우 개선에 관해 설명하며 안도감을 주면 사기는 향상된다.

현장지휘관의 가장 중요한 임무는 일선 현장에서 움직이는 사람

들에게 공통의 목적을 제시하고, 역할의식을 심어주어 '동류의식'
을 길러주는 것이다. 한 마디로 말해 일상의 합리적인 사회 환경, 즉
이익공동체(Gesellschaft)적인 직장에서 희박해지기 쉬운 운명공동체
(Gemeinschaft)적인 의식을 고취시킨다면 모두가 기꺼이 그 능력을 최
대로 발휘하는 '작업환경'을 조성할 수가 있다.

평상시의 지휘관
유사시의 지휘관(개정판)

발행일 2015년 7월 6일
지은이 삿사 아츠유키
옮긴이 조학제
펴낸이 이정수
책임 편집 최민서 · 신지항
펴낸곳 연경문화사
등록 1-995호
주소 서울시 강서구 양천로 551-24 한화비즈메트로 2차 807호
대표전화 02-332-3923
팩시밀리 02-332-3928
이메일 ykmedia@naver.com
값 10,000원
ISBN 978-89-8298-171-5 (03300)